# ロシアを知る。

池上彰
Ikegami Akira
×
佐藤優
Sato Masaru

東京堂出版

# はじめに

佐藤 優

ロシアはわかりにくい謎の国だというのは、一九世紀から欧米では常識になっている。ロシア国家の政策が極端から極端に振れる。二〇世紀初めまでは、世界の反動帝国であったロシアが、一九一七年一一月に史上初の社会主義革命で、共産主義を目指すことになった。この帝国は一九二二年にソ連（ソビエト社会主義共和国連邦）と改称された。この名称に民族を示唆する言葉が一つも無いことに特徴が示されている。民族（国民）国家を超克し、共産主義社会を目指す過渡期国家であるという理念が国家名に含まれている。過渡期国家というのは、マルクス主義のドクトリンに従うと、共産主義社会では国家が廃絶されることになっていたからだ。しかし、現実のソ連では、国家機能が極限まで高められた。そして、スターリンによる独裁が成立する。もっともこの体制でなければ、第二次世界大戦でソ連がナチス・ドイツに勝利することはできなかったであろう。

戦後、ソ連は米国と並ぶ超大国になった。しかし、この帝国も一九九一年一二月に自壊した。

私は日本の外交官として、モスクワの日本大使館に八七年八月から九五年三月まで七年八カ月間勤務した。そこでソ連が崩壊する過程の目撃者になった（この過程については、拙著『自壊する帝国』新潮文庫、『甦るロシア帝国』文春文庫に記した）。ソ連崩壊後のロシアは、アナーキー（ロシア語ではスムータと呼ばれる）な状況になった。新自由主義的な経済改革が導入され、国家機能も麻痺しかけた。そのロシアも、二〇〇一年にプーチンが大統領に就任してから「非共産主義的なソ連」に変貌しようとしている。

この過程をロシア人は必然的と考えている。あの人たちには、皮膚感覚でこのようなジグザグが起きる理由がわかっているのだが、それを外部の人たちに対して説明することを「どうせ理解されないのだから」と諦めている。一九世紀のロシアに、詩人で外交官のフョードル・チュッチェフ（一八〇三〜七三年）という知の巨人がいた。彼が無題の奇妙な四行詩を残している。

知恵でロシアはわからない。
一般の物差しで測ることはできない。

ロシアは独自の貌《かお》を持っている。
ロシアを信じることができるのみ。
（一八六六年）

私は、ロシアについて、この詩がその特徴をもっともよく示していると考える。もっともわれわれはロシア人でないので、あの国を単純に信じることはできない。だから、知恵によってロシアの「独自の貌」について説明しなくてはならない。その際に重要になるのが、（意外と思われるかもしれないが）マルクス主義に関する深い知識だ。マルクスの経済理論とともに、マルクス主義が持つ終末論的情熱だ。この点で、池上彰氏は最適の対論者なのである。

池上氏は、慶應義塾大学経済学部を卒業した。学生時代は、国家独占資本主義論の第一人者である北原勇教授のもとで学んだ。もっとも指導教授が、日本資本主義の特殊性を強調する講座派系であったのに対して、池上氏の発想は、資本主義システムは普遍的であることを重視する労農派と親和的だ。知識人には思考の鋳型がある。私の社会や国家に対する見方も、労農派的で、日本特殊論には与《くみ》しない。もっとも、どの国も普遍的な資本主義的システムの中で自らの文化を保全している。この大枠で、日本についても、ロシアや米国についても論じることができると思っている。

ところで一九六〇年生まれである私よりも池上氏は一〇年早く生まれている。全共闘運動のピークが過ぎた頃に大学生になったが、この運動に対して、何らかの態度を表明することが迫られた世代だ。この世代の大学生は、私が見るところ四つのカテゴリーに分けられる。

第一カテゴリー　全共闘運動の活動家とそのシンパ。ごく一部が新左翼運動を継続したが、大多数は大企業か役所に就職し、その後、日本資本主義を担うエリートになった。

第二カテゴリー　民青（日本共産党）とそのシンパ。暴力反対を唱え、全共闘や新左翼を「ニセ左翼暴力集団」と規定した。暴力反対を唱えながら、暴力を行使して全共闘や新左翼の活動家と対立した。大企業や中央官庁は、民青系の学生を忌避したので、地方公務員や教員になった人が多い。もっとも目立った活動をしていない学生ならば、警察のブラックリストに載っていないので、中央官庁や大企業に就職することもできた。

第三カテゴリー　右翼。体育会の一部や、民族主義思想を信奉する学生が、全共闘のスト破りなどを暴力を行使して積極的に行った。現在、日本の保守主義運動を担っている人にも、このカテゴリーに属する人が少なからずいる。

第四カテゴリー　ノンポリ。面倒な政治運動には関与せずに、安定した生活を得るための準備期間として学生生活をエンジョイした。

数的に一番多いのが、第四カテゴリーだったと思うが、あの時代とどう向き合ったかは、その人の社会に出てからの生き方に大きな影響を与えた。私が見るところ、池上氏はこのうちのどのカテゴリーにも、うまく収まらない。確実にいえるのは、第二カテゴリーの民青や第三カテゴリーの右翼でなかったことだ。全共闘の問題提起には共感を覚えたが、その暴力性は嫌いで、むしろマルクスの経済学と思想を深く学ぶことで、日本と世界の現実を知りたいと考えたのだと思う。だから、営利企業ではなく公共放送のＮＨＫに就職したのだと私は見ている。

私の場合は、強いていえば第一カテゴリーに近い。池上氏より一〇年遅れの私は、東京の大学に進んでいたならば、全共闘的な空気には触れなかったのだが、東京とは時間の流れが異なる京都で学んだ。しかも同志社大学神学部という特殊な空間にいたので、そこでは一〇年前に東京で起きていた構造が縮小再生産されていた。

私は過去数年、池上氏とさまざまな出版社から共著を出しているが、その背景には、暴力が嫌いで、日本と世界の現実を、普遍的論理でつかみたいという欲望があるからだと私は考えている。

本書を通じて読者はロシアについて知るとともに、傑出したジャーナリストであり知識人の池上彰氏の思考についても、その特徴をつかむことができる。

本書を上梓するにあたっては、モスクワに長期留学の経験があり、ロシア語に堪能な東京堂出版の吉田知子氏とフリーランスライターの島田栄昭氏にお世話になりました。どうもありがとうございます。

二〇一九年五月七日、曙橋（東京都新宿区）の書庫にて

佐藤　優

# ロシアを知る。——目次

はじめに　佐藤 優　1

序章
〈緊急対談〉動き始めた北方領土交渉のゆくえ　21

◆これが最後のチャンスだ
◆「二島先行返還」論は消えた
◆動き出した「裏チャネル」
◆プーチンが求める「日本政府の自発的意思」
◆情報操作にまつわる外務省の二つのエラー
◆ロシア側による「遅延戦術」の意味
◆対中国で日露の思惑は一致している
◆ロシア政府は一枚岩ではない
◆ロシアが注視する安倍政権のゆくえ
◆日本はロシアと組むしかない

ロシアがもっとわかるキーワード①「アチソンライン」　61

## 1章 蘇る帝国「おそロシア」の正体 63

### ◎なぜプーチンは圧倒的支持を得ているのか 64

◆日本人にとってのロシアには、二つの顔がある
◆ロシアで高まるプーチン支持とナショナリズム
◆反プーチン運動が盛り上がらない理由
◆中間層を増やそうとすると、反プーチンが増えるパラドックス
◆西欧が望む「民主化」に至らなかった原因は、「モスクワ騒乱事件」にあり

### ◎ロシアに領土的野心はあるか 77

◆プーチンの関心事は地位の保全と蓄財？
◆線の国境を信用しない
◆プーチンが目指しているのは、スラヴ派への回帰
◆バルト三国への干渉は人権主義的に正当
◆スウェーデンの徴兵制復活はロシア警戒のため？
◆フィンランドとロシアが抱える「北方領土」問題
◆ロシアは屁理屈で世界と渡り合う

◎素顔のロシア人とは　97
◆大ヒットドラマ「月の裏側」が映し出すロシア国民の意識
◆今のロシア人にとってソ連時代とは
◆ビジネスにはシビアだが、助け合いの精神も強い
◆遊び心がある
◆権力構造に粗密がある
ロシアがもっとわかるキーワード②「モンゴル＝タタールのくびき」　108

# 2章 「ソビエト連邦」の遺産——その功と罪　109

◎ロシア革命はなぜ成功したのか　110
◆ソ連という巨大な実験の失敗が総括されていない
◆ロシア革命、ソ連崩壊は必然か偶然か
◆レーニンはスピーチの天才だった
◆ロシア革命の手本はフランス革命？

◎ソ連が世界にもたらしたもの　119
◆ソ連が西側に「国家独占資本主義」を生み出した

◎ソ連の「罪」は意外に少ない　128
◆医療や宇宙開発でも世界をリード
◆「宇宙飛行」とはロシア人の発想
◆日露が協力して宇宙開発？
◆厳しい政治体制の中だからこそ芸術が生まれた
◆刺激が少なく、社会は停滞
◆犯罪は〝例外的〟な現象だった
◆アルコールの値段は安すぎた
◆クリーニングに出すとボタンが割れる
◆北朝鮮の暮らしも、庶民にとっては地獄ではない
ロシアがもっとわかるキーワード③「ロシア革命」　139

## 3章 ソ連社会の実像――繁栄から崩壊へ

141
◎ソ連が七〇年も続いた理由は〝緩さ〟にあり　142
◆政治批判も案外自由

◆コピー機は認めないがＦＡＸ機なら利用可
◆交通違反も意外と簡単にもみ消し可能
◆ソ連共産党書記長の偏差値は五〇程度だった
◎一九七〇年代、ソ連は豊かだった 151
◆生活水準の高さに驚かされて
◆東ドイツの尋問は日本よりずっと人道的
◆富の源泉は石油
◎共産主義の理想形を実現 158
◆ソ連の労働時間は一日わずか三時間
◆格差はきわめて小さかった
◆誰もお金を欲しがらない社会
◎ソ連時代も今も教育水準は高いまま 166
◆モスクワ大学のエリートは近代経済学を学んでいた
◆ソ連の大学の最難関は哲学部だった
◆ロシアの教育費は無料
◎ソ連はなぜ崩壊したのか 173
◆大量消費文明に目覚めた国民

◆マクドナルド出店で「六時間待ち」
◆「ソ連体制はアイスクリームで崩壊した」
◆敗れても矜恃を失わなかった共産党幹部
ロシアがもっとわかるキーワード④「八月クーデター」 182

4章

# 独裁化する国家権力 183

◎ロシアなくしてトランプ大統領なし 184
◆なぜトランプはロシアと接触したのか
◆トランプはロシアに弱みを握られている
◆トランプ政権の反知性主義
◆アメリカ人は病的
◎トランプ政権&安倍政権の登場の背景に、ソ連の崩壊あり 192
◆共産主義革命の脅威が消えた!
◆資本主義に介入する安倍政権
◆安倍政権は積極的に嘘をつく
◆トランプは「重金主義」か

◎国家の暴走は誰にも止められない　201
◆独裁を支える過剰なナルシシズム
◆ブレーンを家族で固める危うさ
◆制御システムも、閾値を超えると機能しない
◆民主主義の中にも独裁の要素がある
ロシアがもっとわかるキーワード⑤「ロシアゲート」　209

## 5章 ソ連・ロシアの幻影を追う日本　211

◎日本は「三二年テーゼ」の呪縛から逃れられない　212
◆「天皇制」の原形を作ったのはコミンテルンだ
◆「日本特殊論」のルーツは講座派にあり
◎「日本人はすごい」ブームは戦前にも　217
◆一九三一年のネトウヨ本
◆無意識に進む排外主義

◎社会主義モデルという歯止めを失って 221
◆資本主義が行き過ぎるとソ連が魅力的に見える
◆格差拡大でファシズムが台頭するおそれ
◎保守化する国民感情 225
◆混乱するくらいならプーチン&安倍のほうがマシ？
◆支持層の意識は「これ以上、転落したくない」
◆安倍総理が連呼する「この道しかない」の危うい既視感
◆省エネ化する日本のエリート
◎多様性を失うメディア 235
◆日本は「欠陥のある民主主義」
◆日本のメディアの感度はズレている
◆メディアがメディアを叩くのは日露とも同じ
◆西部邁の自死をメディアが一律に礼賛する不気味
◆「活字」に騙されてはいけない
ロシアがもっとわかるキーワード⑥「社会主義と共産主義」 247

6章 帝国の攻防――諜報と外交の舞台裏 249

◎なぜ暗殺事件は繰り返されるのか 250

◆「ポロニウム暗殺」はプーチン政権の強さか脆さか
◆暗殺には経済合理性がある

◎謎だらけの「ノビチョク事件」 255

◆イギリスはロシアとの関係悪化を狙っている？
◆ロシアに〝評価〟される日本
◆目的は見せしめか？
◆「大使館員追放」のパフォーマンス
◆真相は核兵器絡みか、マフィア絡みか

◎諜報活動の丁々発止 265

◆ロシアの国民に移動の自由はない
◆ＫＧＢは記者として日本に潜入
◆インテリジェンスのプロは他の分野でもプロ級の腕を持つ
◆米露のスパイ養成は対照的

◎「対テロ」の名の下、国家機能の強化が進む 274
◆「物理力を行使する尋問」という名の拷問
◆ロシアは「行政傍受」の先輩
◎後手に回る日本――ロシア語力の強化が急務だ 278
◆サハリンに残る独自の日本語
◆外務省のロシア語通訳は大丈夫か
◆北朝鮮の映画にロシア語の字幕が
ロシアがもっとわかるキーワード⑦「エドワード・スノーデン」 286
おわりに　池上 彰 287
ロシアをもっと知るための参考文献 292
写真出典 293
索引 299

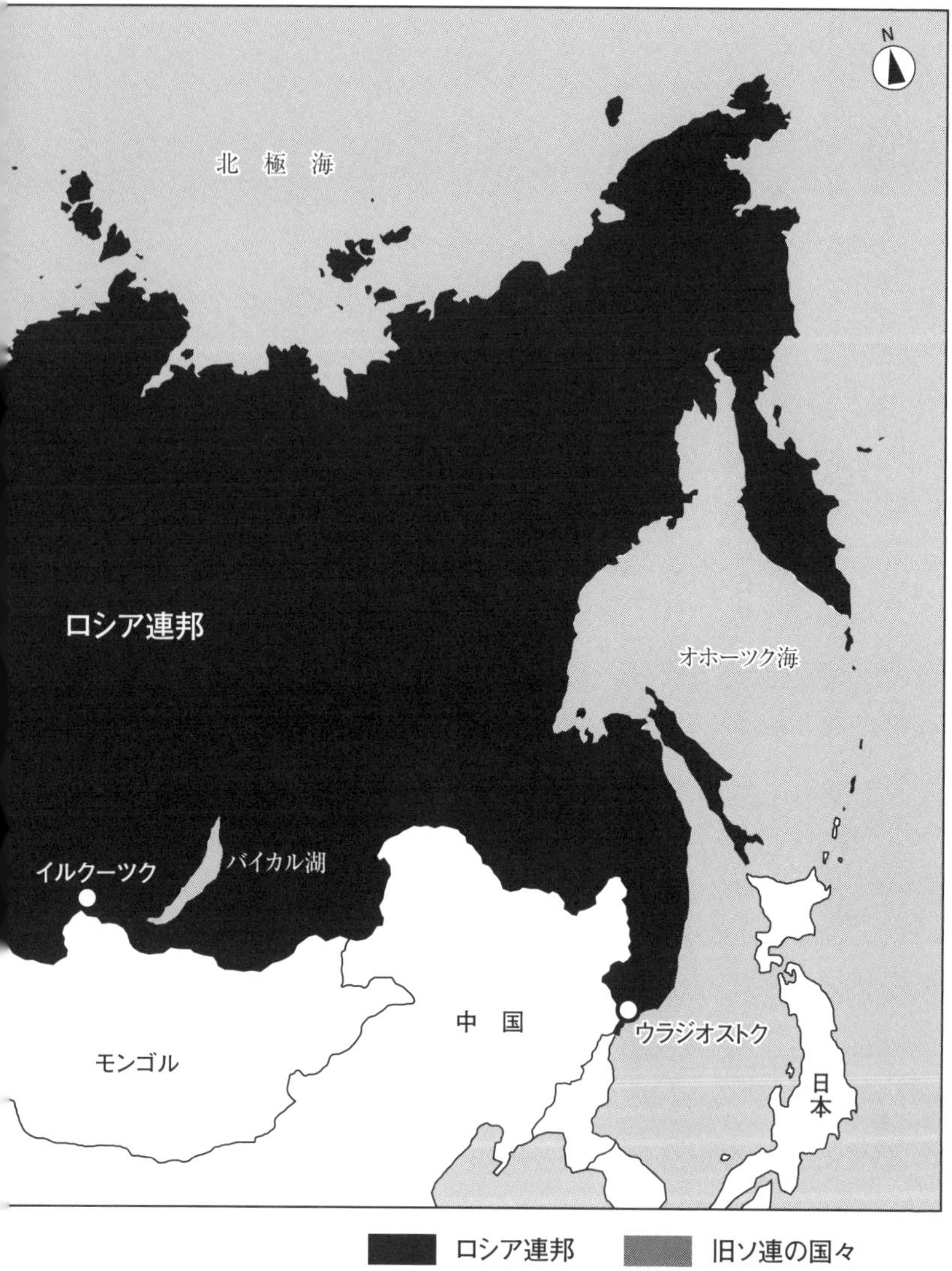
N
北　極　海
ロシア連邦
オホーツク海
イルクーツク
バイカル湖
中　国
ウラジオストク
モンゴル
日本
ロシア連邦
旧ソ連の国々

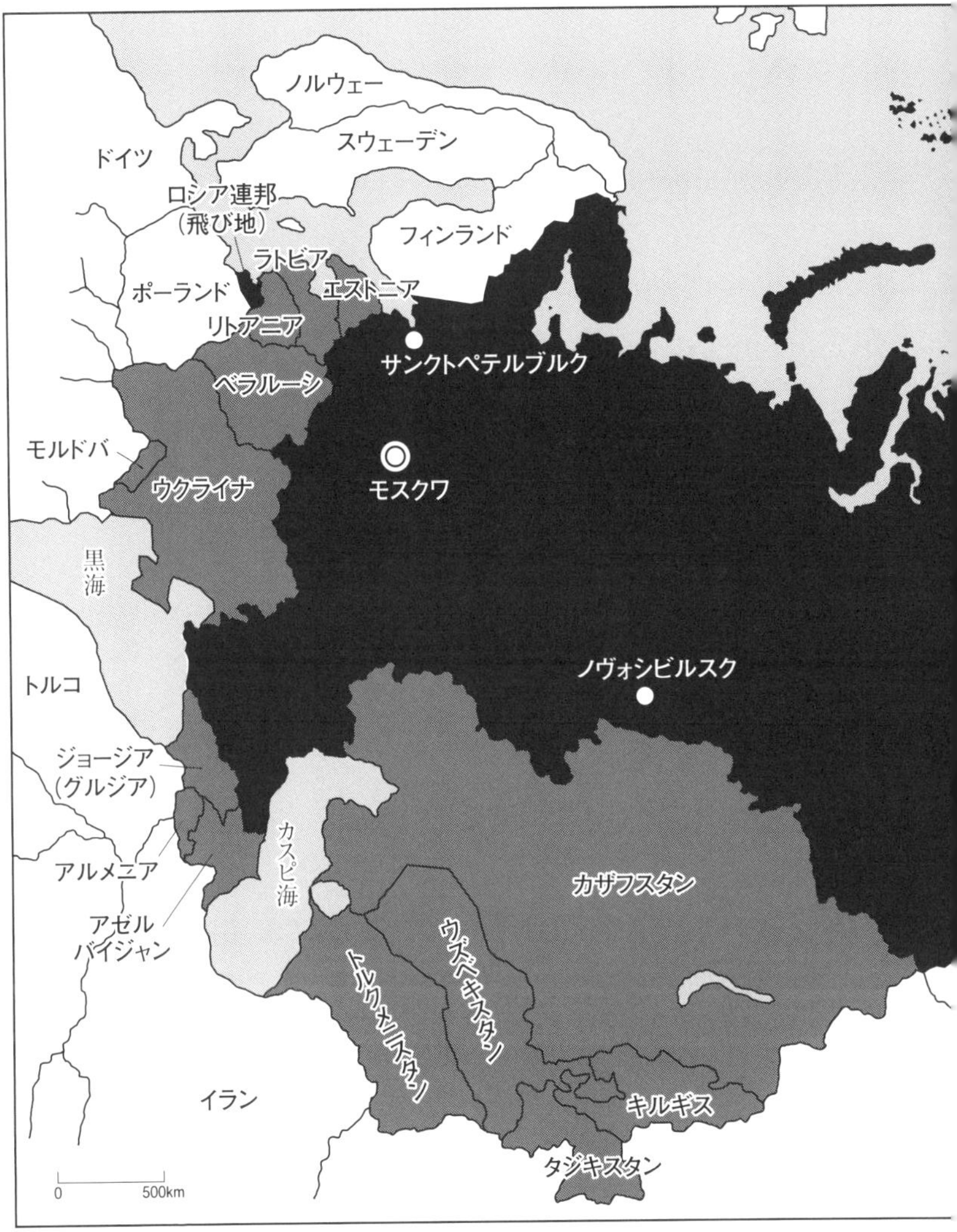


ロシア連邦と周辺の国々

◆ロシアについての基礎情報◆

| | |
|---|---|
| ■正式名称 | ロシア連邦（Российская Федерация） |
| ■面　　積 | 1710万平方キロメートル（日本の45倍、米国の２倍近く）<br>（ソ連は約2240万平方キロメートル。日本の60倍） |
| ■人　　口 | １億4690万人（男女比6810万人：7880万人。2018年６月）<br>（ソ連人口は2億8862万4000人。1990年１月） |
| ■首　　都 | モスクワ |
| ■公 用 語 | ロシア語 |
| ■宗　　教 | ロシア正教、イスラム教、仏教、ユダヤ教など |
| ■政治体制 | 共和制、連邦制（共和国や州など83の構成主体からなる連邦国家） |

（日本外務省ホームページ、ロシア国家統計庁ホームページなどを参照して作成）

# 序章

〈緊急対談〉

# 動き始めた北方領土交渉のゆくえ

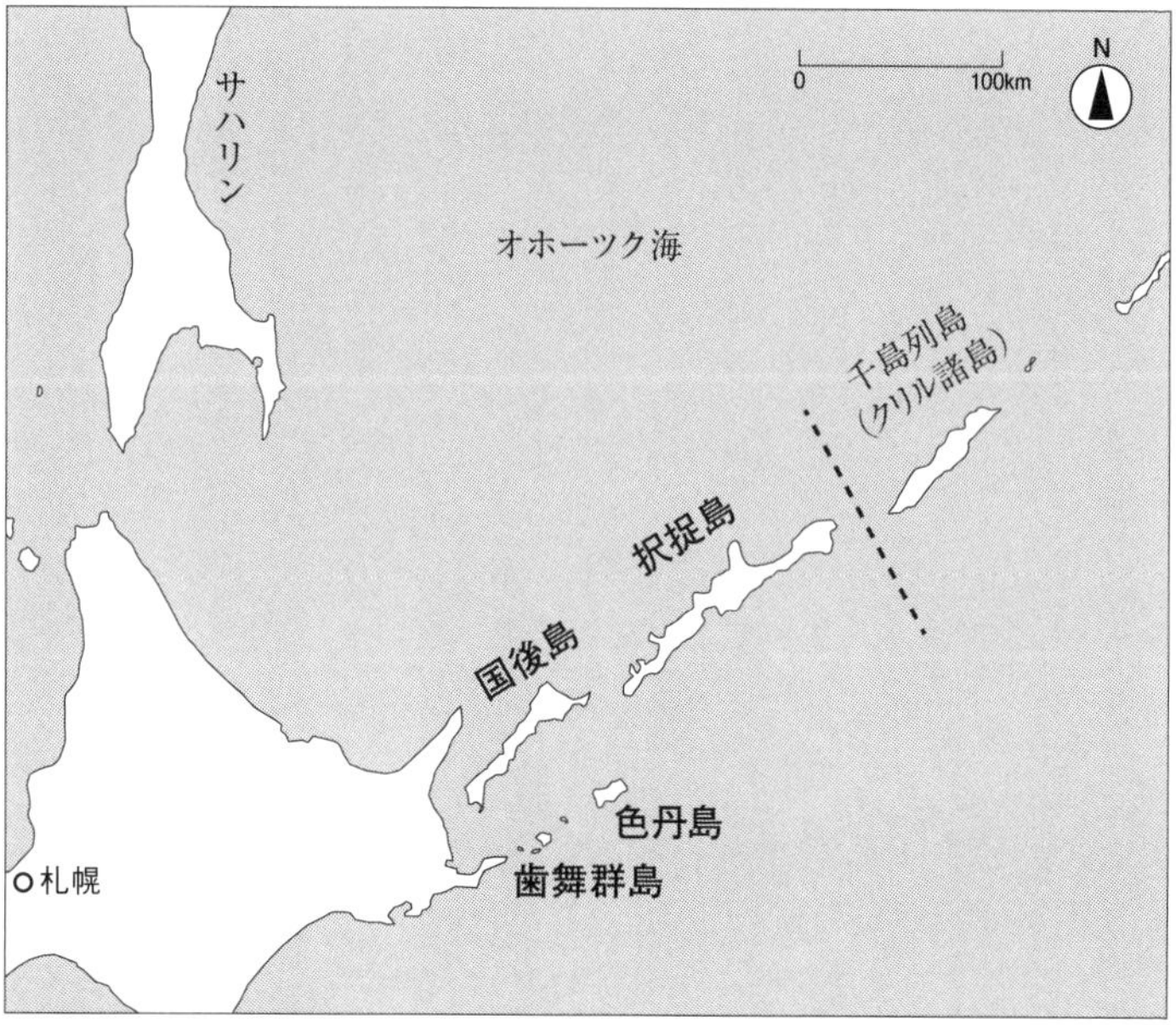


北方四島周辺地図

## これが最後のチャンスだ

**池上**　私たちにとって「近くて遠い国」であるロシアについて、表象ではなく、じっくり腰を据えて議論しようという本書の企画が立ち上がったのは、もう足かけ三年前の二〇一七年のことです。それから佐藤優さんと対談を重ね、実は二〇一九年の春には発刊される予定でした。それが本書の1章以降です。

ところがその間、日露間の長年の懸案だった北方領土問題と平和条約締結交渉が、にわかに動き始めました。そこで発刊を遅らせ、外交分析のプロであり、かつて外務官僚時代にはこの問題の当事者でもあった佐藤さんに、これまでの経緯とその裏側、さらに今後の展望まで語っていただこうということになりました。

まず単刀直入にお伺いします。世間的には「どうせ無理だろう」という懐疑的な見方が多いようですが、北方領土問題は解決できますか？

**佐藤**　可能性は十分にあると思います。おそらくは今回が最後のチャンスでしょう。ただし、外務省の動きが鈍い。それはサボタージュではないんです。能力と経験の不足が問題。例えばかつての甲子園の常連校が、一九年間も地方大会にすら出ていない状態から、いきなり春の選抜大会の二一世紀枠という特別枠で出場したとします。どうなりますか？

**池上**　試合にならないでしょうね。

**佐藤**　そう。もうボールのスピードについていけないから、バットも振れない。それが今の外務省です。

**池上**　（笑）。一九年前というと、二〇〇〇年ごろ。森喜朗内閣のとき、衆議院議員だった鈴木宗男さんと外務省主任分析官だった佐藤さんが、「二島先行返還」というアイデアを出しましたね。当時、この方向でまとまる可能性がかなり高かったはずです。

**佐藤**　正確に言うと「二島先行返還」に踏み込む前に、交渉が日本側の事情で頓挫してしまいました。本格的な交渉に入る前に、森内閣が退陣して小泉純一郎内閣が誕生し、田中眞紀子さんが外相に就任します。その一年少し後鈴木さんと私が逮捕され、ご破算になりました。そのとき、外務省は鈴木さんが関与した機微に触れる関連文書を廃棄したのです。だから過去の経緯がわからなくなってしまった。その条件で戦うのは、厳しいですよね。

**池上**　しかし安倍晋三首相は、ずいぶんやる気になっているように見えます。特に事態が大きく動いたのは、二〇一八年一一月一四日のシンガポールでの会談ですね。一九五六年の日ソ共同宣言※に基づいて、平和条約交渉を加速させると。

**佐藤**　会談後の安倍首相が記者会見で述べた全文を、同日の「産経ニュース」がそのまま報じ

※　日ソ共同宣言　一九五六年一〇月に調印、同年一二月に発効。これにより日ソの戦争は終結し、国交を回復。また平和条約締結交渉を継続し、その締結後にソ連は日本に歯舞群島と色丹島を引き渡すと明記された。

シンガポールで行われた日露首脳会談（2018年11月14日）

ています。

〈「先ほどプーチン大統領と日露首脳会談を行いました。その中で通訳以外、私と大統領だけで、平和条約締結問題について相当突っ込んだ議論を行いました。2年前の（山口県）長門での日露首脳会談以降、新しいアプローチで問題を解決するとの方針の下、元島民の皆さんの航空機によるお墓参り、そして共同経済活動の実現に向けた現地調査の実施など、北方四島における日露のこれまでにない協力が実現しています」

「この信頼の積み重ねの上に、領土問題を解決をして平和条約を締結する。この戦後70年以上残されてきた課題を次の世代に先送りすることなく、私とプーチン大統領の手で終止符を打つ、

必ずや終止符を打つという強い意思を完全に大統領と完全に共有いたしました」〉

つまり、安倍政権の間に解決すると。そうでなければもう解決しませんと。その合意ができたと言っているわけです。

**池上** すごいですね、「完全に大統領と完全に共有いたしました」と。本当に話したとおりをそのまま記事にしている（笑）。

**佐藤** そのあたりが産経新聞のすばらしいところで。さらに続きがあります。

〈「そして1956（昭和31）年、（日ソ）共同宣言を基礎として、平和条約交渉を加速させる。本日そのことでプーチン大統領と合意いたしました。（大阪市で開かれる）来年（6月）のG20（＝20ヵ国・地域首脳会議）においてプーチン大統領をお迎えいたしますが、その前に、年明けにも私がロシアを訪問して日露首脳会談を行います。今回の合意の上に私とプーチン大統領のリーダーシップの下、戦後残されてきた懸案、平和条約交渉を仕上げていく決意であります。ありがとうございました」〉（「産経ニュース」二〇一八年一一月一四日付）

これに加えて、二〇一八年一二月にアルゼンチンのブエノスアイレスで開かれたG20でも、二人は首脳会談をやっています。

## 「二島先行返還」論は消えた

**池上**　問題は、どういう方向で話をまとめようとしているのか。安倍さんがプーチンにどんな提案をしているのか。この部分は明らかになっていませんね。

**佐藤**　安倍さんが「プーチン大統領とのリーダーシップで仕上げる」と言ったのは、外交当局の積み重ねの延長線上ではないということです。

**池上**　全国紙は「二島先行返還」論で行くという見方を示していますが、これは間違いでしょう？

**佐藤**　明らかな誤報です。シンガポール首脳会談について正確に報じたのが北海道新聞です。

〈首相は会談後、プーチン氏と通訳のみを交えた一対一の会談で「平和条約締結交渉について相当突っ込んだ議論を行った」と記者団に述べたが、具体的な内容は明らかにしなかった。日本政府内には同宣言に基づく歯舞、色丹両島の引き渡し協議入りを求めつつ、国後、択捉両島では共同経済活動を実現して自由な往来を可能にするという「2島プラスアルファ」論が強まっており、首相がこうした考えをプーチン氏に伝達した可能性もある〉（「北海道新

聞」電子版　二〇一八年一一月一五日付）

**佐藤**　「二島先行返還」論と「二島プラスアルファ」論とはまったく違う。それをこの時点でわかっていたのは北海道新聞だけですね。

「二島先行返還」論というのは、まず歯舞群島と色丹島を日本に返還して中間条約（例えば日露友好・協力条約）を締結し、その後で国後島と択捉島返還の継続協議を行い、その二島が日本に帰属すると確認された時点で平和条約を締結しようというものです。

しかしプーチンの北方領土に関する交渉スタンスは、二〇一二年にロシアの第四代大統領に就任して以来、はっきりしています。日本が国後島と択捉島を領土交渉の対象に含めるなら、実質的な交渉には応じないということです。逆にいえば、今は実質的な交渉に応じているわけですから、これは日本が国後島と択捉島を対象から外したことを意味します。

**池上**　先にも言いましたが、森内閣の時代なら「二島先行返還」の可能性がありましたが、今はもうダメと。

**佐藤**　そうです。結局、外交というのはニュートン力学の世界なのです。二〇〇一年時点と現在の日露の国力だけを見ればいい。相対的に日本は弱くなり、ロシアは強くなりました。だからもう、二〇〇一年時点の前提には戻れないのです。

**池上**　そうすると、残された道は限られますね。

**佐藤**　外交の常識から考えて、今の日本には選択肢が二つしかありません。

一つは、「四島一括返還」を言い続けること。ロシアは交渉に応じないので、島はまったく戻ってきません。そればかりか、現在行われている元島民のビザなし訪問も、将来ロシア側から打ち切られる可能性があります。

実は二〇一八年夏のビザなし訪問の際、同行した日本政府関係者の衛星携帯電話が、ロシア当局に没収されるという出来事がありました。今までこんなことはなかったのですが、携帯することを事前に申告しなかったため、関税法に抵触するというのがその理由です。また二〇一九年一月になって、国後島の裁判所はこの措置を合法とする決定を下しています。つまり、ロシアのルールに厳密に服せというわけです。

しかし日本側としては、外交官の携行品をすべて明らかにしろというのは無理がある。このあたりから話がこじれて、ビザなし訪問自体が閉じられる可能性があります。そうすると、日本人は北方領土に行けなくなります。四島周辺海域での漁業もできなくなる。

**池上**　「四島一括返還」論を唱え続けることは、政治的には安泰ですよね。交渉のテーブルにすら着けませんから。しかし膠着状態に陥って、事態はかえって悪くなるおそれがある。

だから政府も「四島一括返還」とは言っていませんね。「帰属問題を解決する」という言い

択捉島を訪れるロシア政府高官。記者たちが取り囲む(2014年9月24日)

方をしています。

**佐藤**　そこでもう一つの選択肢が、「二島返還プラスアルファ」。安倍さんとプーチンによる「一九五六年の日ソ共同宣言を基礎に条約締結交渉を加速させる」という合意に基づいて交渉を進め、平和条約の締結後に歯舞群島と色丹島の二島プラスアルファを獲得するということです。

**池上**　日ソ共同宣言の9項後段には、「ソヴィエト社会主義共和国連邦は、日本国の要望にこたえかつ日本国の利益を考慮して、歯舞群島及び色丹島を日本国に引き渡すことに同意する。ただし、これらの諸島は、日本国とソヴィエト社会主義共和国連邦との間の平和条約が締結された後に現実に引き渡されるものとする」という文言があります。

**佐藤**　これを素直に読めば、歯舞群島と色丹島は日本の主権下、国後島と択捉島はロシアの主権下となって、日露間に明確な国境線を引くことができます。これは領土問題の解決と同じ意味なので、その時点で戦後処理が完全に終わるのです。前提条件として、日本政府は「北方領土がロシアに不法占拠されている」という法的解釈を変更する必要がありますけどね。

**池上**　それから、「プラスアルファ」の意味もよく理解する必要がある。

**佐藤**　まず歯舞群島と色丹島が日本領になれば、日本人は自由に往来や居住して経済活動や文化活動を行えるようになりますね。また国後島と択捉島については、ロシアの主権下にあることを日本が認めた上で、経済活動や訪問などで日本人に特別の地位を認める制度をロシア側が作る。この件については日露間で特別な条約を結んでもいいでしょう。これが「プラスアルファ」の意味です。

**池上**　さしあたり漁業のメリットが大きいですよね。歯舞群島周辺は本当にいい漁場なので。

**佐藤**　そう。陸地面積で考えると、北方四島全体のうち歯舞群島と色丹島の占める割合は七%にすぎません。しかしEEZ（排他的経済水域）で考えれば、計算方法にもよりますが、歯舞群島と色丹島周辺だけで最大五二%を獲得できるといわれています。しかも漁場としては、国後・択捉島周辺よりずっといい。

ただ「二島プラスアルファ」というと、ちょっと誤解を招きやすいですよね。もう一島ぐらい還ってくるとか、陸地面積を均等に二分割するとか。主権については二島で終わりです、ということがきちんと伝わる表現にする必要があります。だから私は「二島返還プラスアルファ」と述べるようにしています。

## 動き出した「裏チャネル」

**池上**　しかし先のシンガポールでの日露首脳会談の後、プーチンは記者会見で気になることを言いましたね。日ソ共同宣言について、「すべてが明確ではない」。二島は引き渡すが、どんな条件で、どちらの主権になるかは触れられていない」と。結局、二島すら返還するつもりはないんじゃないかという見方もあります。

**佐藤**　それについては、実はまったく心配しなくていいんです。ソ連が北方領土を含むクリル諸島（千島列島）をソ連領にした根拠は、一九四五年二月一一日に米英ソが締結したヤルタ協定※にあります。

一方、日本は同年八月一四日にポツダム宣言を受諾したとき、あるいは九月二日に降伏文書に調印したとき、ヤルタ協定の存在を知らなかった。知らないことには拘束されないというのが、日本政府の立場なのです。

ただしヤルタ協定には、日本にとってプラスの内容も含まれています。3項に「千島列島がソヴィエト連邦に引き渡されること」とあるのですが、この「引き渡される」はロシア語では「ペレダーチャ（передача）」という単語が使われています。また日ソ共同宣言の9項の文言は「歯舞群島及び色丹島を日本国に引き渡すことに同意する」ですが、この「引き渡す」も同じく「ペレダーチャ」です。

つまり、仮に「ペレダーチャ」に主権が含まれないとするならば、ヤルタ協定でもソ連に主権が移転していないことになる。ロシアの主張の根本が覆されることになるわけです。

**池上**　なるほどねえ。

**佐藤**　本来なら、こういうことは会談の場でただちに指摘しなきゃダメなんです。それをできないところが、今の外務省の弱さですよね。しかしいずれにせよ、この主権問題は両首脳間ではすでに解決していると思います。

それからもう一つ興味深いのは、二〇一八年一二月一日（日本時間二日）にブエノスアイレスで行われた日露首脳会談の後、記者会見でのプーチンの発言です。ロシア大統領府の公式HPにその速記録が掲載されたのですが、正確に翻訳すると次のとおりです。

※　ヤルタ協定　一九四五年二月、クリミア半島のヤルタで結ばれた、戦後処理をめぐる米英ソの首脳による協定。ドイツ降伏後にソ連が対日参戦するという密約も含まれる。

ブエノスアイレスでの日露首脳会談。固く握手を交わす両首脳（2018年12月1日）

〈我々は日本と一九五六年の日ソ共同宣言に戻ることを合意した。それについては（一一月一四日の）シンガポールにおける会談の後、公にした。今、我々は交渉の追加的メカニズム（複数形）を創設する必要性と、人的交流と経済関係を拡大しながら、両国の信頼関係を向上させる必要性について話した〉

ポイントは、「交渉の追加的メカニズム」という言葉が、ロシア語では単数形ではなく、「複数形」になっていること。つまり、メカニズムは一つではないと読み取れるのです。

**池上**　報道によれば、河野太郎外相とラブロフ外相が「交渉責任者」、森健良外務審議官とモルグロフ外務次官が「特別代表」に指名されたと。

**佐藤**　その枠組みとは別に、追加的メカニズム、すなわち裏チャネルを作るということです。ちなみにロシア語で「メカニズム（механизм　メハニズム）」というのは、機械的で確実に動くというニュアンスがあるのです。

もちろん裏チャネルだからメンバーを公にすることはありませんが、安倍さんとプーチン大統領の側近が加わっていることは間違いない。つまり、両国外務省による表チャネルと並行して、首相官邸とロシア大統領府による裏チャネルを使ってより踏み込んだ交渉も行われる、という構図なのです。

**池上**　表と裏で役割分担をするわけですね。

**佐藤**　そうです。特に北方領土交渉に関しては、徹底的に情報を隠しながら行う必要があります。ところが表側で交渉にあたる両国の政府高官は、事情に精通しているとはいえません。場合によっては不用意な発言をして、世論を刺激してしまうおそれがあります。あるいは安倍さんもプーチンも、国内世論に配慮して、相手国に対してきつい言い方をせざるを得ない局面もあるでしょう。

そういうとき、表チャネルだけではなかなかフォローしきれません。だから「真意はこうなんだ」と相手国に説明できる裏チャネルがどうしても必要なのです。

## プーチンが求める「日本政府の自発的意思」

**池上**　北方領土交渉といえば、ロシアはかねてから、返還後に米軍基地が設置されることを懸念していますね。日本政府は公式には発表していませんが、一部報道によれば、安倍さんはプーチンに「設置しない」と明言したともいわれています。

**佐藤**　それに関連して、ちょっと面白いやりとりがあるのです。毎年末、プーチンは長時間に及ぶ記者会見を開きます。二〇一八年も一二月二〇日に開かれて、同日にその速記録がロシア大統領府の公式ＨＰに掲載されました。

その中で、共同通信のロシア語に堪能な日本人記者がこんな質問をしているのです。

「国防に関して、日本はほとんど完全に米国に依存している。日露関係を質的に新しい水準に引き上げるために、どのような新しい理念とどのような要素を加えればいいとあなたは考えているか」

それに対して、プーチンがこう答えています。

「（日露）平和条約を締結するにあたっても、安全保障の問題はきわめて重要である。あな

毎年末恒例のプーチン大統領による記者会見。プラカードを掲げてアピールする記者たち（2018年12月20日）

記者からの質問に次々と答えるプーチン大統領（同）

たは、日本における米軍事施設の設置について述べたが、それはすでにある。沖縄に巨大な米軍基地がすでに長い間、数十年も存在していることを我々は知っている。

それでは（米軍事施設設置の）決定に参加する可能性についてだが、我々にはよくわからない、閉ざされた部分になっている。この種の決定がなされるにあたっての日本の主権の水準を我々は理解できていない。

あなたは、（この場にいる）他の記者よりも、沖縄県知事が基地の強化と展開に関連したいくつかの決定に反対していることをよりよく知っていると思う。知事は反対しているが、何もやり遂げることができない。地元の人々も反対している。すべての世論調査が反対していることは言うに及ばない。人々は街頭に出て、基地の撤去を要求している。いずれにせよ、既存の軍事力に加え、米軍の空軍力を強化しようとすることに人々は反対している。基地の強化と発展の計画が存在している。すべての人が反対しているが、それは実行されつつある」

これは私の直訳ですが、「空軍力の強化」とは、米軍基地にオスプレイが配備されることですよね。つまりプーチンが非常に懸念しているのは、日本に返還された歯舞群島と色丹島に米軍が展開することです。安倍さんが「展開させない」と約束したとしても、それを踏まえた上で、プーチンは「沖縄の民意が反対している辺野古新基地建設を政府が強行しているのは日本政府の自発的意思なのか、それともアメリカの圧力に抗せないのか」と問いかけているわけです。

**池上**　日本政府としては、政府の自発的意思であると答えるしかないですよね。アメリカの圧力に屈したとすると、北方領土も二の舞になるという懸念を持たれますから。

**佐藤**　それに、日本政府は地元の反対があっても外交・安全保障を優先するんだねと。これを北方領土に置き換えると、四島一括返還を要求する民意があっても、政府はそれを無視できるのかという意味でしょ。

プーチンは、別に沖縄の住民に寄り添っているわけではないのです。どんな圧力や反発があっても、中央政府の自発的意思で押し切るという政治的担保が必要だというシグナルを、会見を通じて日本政府に送ったわけです。

**池上**　実際問題、沖縄の辺野古の新基地建設については、日本政府の自発的意思が強いですよね。トランプ大統領の登場ではっきりしましたが、もはや米軍の要請ではない。

**佐藤**　そうですね。仮に米軍が沖縄から撤退すれば、広大な新基地は自衛隊の管轄になります。沖縄で何かトラブルが起きればただちに治安出動できるような体制を、この基地で整えるつもりでしょう。

それはともかく、実はこの共同通信の記者は、質問の事前通告をしてないのです。つまりプーチンはアドリブで答えたわけですが、それでもここまで理路整然と話せるということは、頭の中に情報がかなり入っているということです。ロシア大使館と対外課報庁（ＳＶＲ）の東京支局からクレムリンへ、辺野古新基地建設問題をめぐる沖縄の民意の動向について詳細な報告が行われているのでしょう。

**池上**　それだけ日本政府の出方に関心を払っていると。

**佐藤**　そういうことです。北方領土の返還後、民意の反発があった場合に、日本政府はどういう対応をとるのか。本当に民意の反対を押し切れるのか。その見極めが、ロシアにとって非常に重要なのです。だから返還が現実味を帯びてきた二〇一九年以降、両国の駆け引きはいっそう激しくなっているんですよ。

## 情報操作にまつわる外務省の二つのエラー

**池上**　そういえば一月九日には、上月豊久《こうづきとよひさ》・駐ロシア大使がモルグロフ外務次官に呼び出されて抗議を受けていましたね。その前日（一月八日付）の読売新聞朝刊が掲載した、「北方4島、日露で賠償請求放棄案…日本が提起へ」というスクープ記事を問題視して。

**佐藤**　その経緯も、ロシア外務省の公式ＨＰに掲載されています。全文を正確に翻訳すると以下のようになります。

〈本年一月九日、上月豊久・在ロシア連邦日本国大使が、ロシア外交省に呼び出された。モルグロフ・ロシア外務次官は上月大使に、モスクワにおいては、ロシアとの平和条約問題に関する日本指導部の最近の発言、とりわけ、「日本に帰属する領土の引き渡し」に関する問題で南クリル住民の「理解を得る」必要性について、「戦後占領された諸島」の日本と元日本住民のために「ロシアによって支払われる保障の請求を放棄すること」についての問題に関する発言に注意が払われている。

この種の発言は、一九五六年のソ日共同宣言を基礎に交渉過程を加速することに関する露日首脳間の合意の本質をひどく歪曲するもので、交渉の内容に関連した両国の世論を間違った方向に導くものである。このような言明は、平和条約問題をめぐる雰囲気に作為的に圧力を加え、解決に向けた特定のシナリオを相手に押しつける試み以外の何ものでもないと評価せざるを得ない。

この関連で、平和条約問題の解決は露日関係の質的に新しい雰囲気が作られる条件の下で可能となり、両国国民の支持が得られなくてはならず、東京が南クリル諸島に対するロシア連邦の主権を含む第二次世界大戦の結果を全体として、無条件に承認することを基礎とする

というロシアの原則的立場に変更がないことが強調されている〉

読売新聞の記事は、日本がロシアに対して賠償請求権を持っているかのような書き方です。それはつまり、北方領土がロシアに不法占拠されているという前提ですよね。それがロシア側を刺激した。彼らにとって北方領土はあくまでも合法的に獲得した領土であり、そのうち二島を善意で日本に譲渡するという話なので、何ら賠償請求される理由はないわけです。

**池上**　なるほど。それも「読売新聞」にこういう記事が出たこと自体、いろいろ意味がありそうですね。

**佐藤**　ロシア側は、「読売新聞」は安倍政権に近いという印象を持っていますからね。だからこの記事は、首相官邸または外務省幹部が「読売新聞」にリークして、日本が自ら描いた型にプーチンを嵌《は》めようとしたのではないか。あるいは「日本政府は不法占拠論を下ろさない」というメッセージをロシア側に送ってきたのではないか。ロシア側はそう解釈したわけです。だからモルグロフは上月大使を呼び出し、日本政府の真意を問いたいとボールを投げてきたんですよ。

だいたい交渉の細部に関する情報がリークされる背景に何らかの意図があると考えるのは、外交やインテリジェンスの世界の常識です。しかし今回のリークについては、かなり稚拙だったと思いますね。

**池上**　というと？

**佐藤**　首相官邸の北方領土交渉に関する情報管理は、徹底しています。外務省の秋葉剛男事務次官も森健良外務審議官も、余計なことは言いません。言えばどんな事態を招くか熟知しているので。

一方、外務省内には、交渉の本筋に影響力を行使することはできないものの、職責上、機微に触れる情報にアクセスできる欧州局の幹部がいます。彼が「俺も秘密を知ってるんだ」という自己顕示欲から、外交秘密を「読売新聞」に漏らしたのでしょう。

**池上**　外務省の連中なら、誰のことかすぐにわかりますね（笑）。

**佐藤**　私には誰なのかわかります。ただ外交のプロの観点から見ると、呼ばれた上月大使の対応にも深刻な問題があります。モルグロフ外務次官に対して、言うべきことはちゃんと言わないと。

例えば「お申し入れについては本国に正確に伝達する。ただし、本件については新聞報道を根拠とする申し入れで、マスメディアの記事に外交的に高いレベルで懸念表明を行うことは、均衡を著しく失している。本件に関しては公表しないことにしたい。ロシアが公表するならば、日本は私の見解を含めて公表する。そのような事態に至ることは、シンガポールとブエノスアイレスにおける日露首脳会談で合意した平和条約交渉の加速化に寄与しないと思う」と言えば、表沙汰になることはなかった。投げられたボールが見えていないんですよ。

**池上** なるほどね。エラーにエラーを重ねてオウンゴールになってしまったと（笑）。

## ロシア側による「遅延戦術」の意味

**佐藤** 大使の呼び出しだけでは終わりません。これをきっかけにして、ロシアは遅延戦術を始めたのです。

**池上** 一月一三日には、モスクワで河野外相とラブロフ外相の会談が行われましたね。最初はお互いにプレゼントを贈り合ったりしたようですが、かなり厳しいやりとりがあったと報道されています。

**佐藤** そうですね。一月一〇日が河野さんの五六歳の誕生日だったんです。それでラブロフ外相は河野さんに、会場になった迎賓館のスピリドノフカ宮殿（外務省別館）がデザインされたカフスボタンをプレゼントした。「誕生日おめでとう。五六という数字は日露の間で特別の意味を持つ」と言いながらね。

一九五六年一〇月、日ソ共同宣言に調印するために鳩山一郎首相と河野さんの祖父である河野一郎農相がモスクワに滞在したとき、ソ連政府が宿泊施設として用意したのもこの宮殿なの

2019年1月13日に行われた、河野外相・ラブロフ外相の会談

です。ラブロフはカフスボタンを通じて、領土交渉をまとめる強い意欲を示したわけです。

一方、河野さんはラブロフ外相に、サントリーのウイスキー「響」をプレゼントした。ラブロフがウイスキー好きなことを知っていたからね。つまり日本側も、それなりに人物研究を行っているということです。

外交の世界でプレゼントは意味があるのです。その交換によって、お互いに北方領土問題を解決するために努力するという、誠実な姿勢を示すことになりますから。

**池上**　しかしいざ始まってみると、ラブロフ外相は河野外相に北方領土が合法的なロシア領であることを認めよと迫ったとか。日本側が「北方領土」という言い方をすることすら気に入らないとか。

**佐藤**　それはロシア側の、芸術的と言ってもいいほどよく仕込まれた外交攻勢なのです。交渉を引き延ばすための変化球を投げてきた、と言ってもいい。だいたい河野外相はあまり事情をよく知らないし、おだてに乗りやすいですからね。

まず両者の大きな違いは、情報の出し方。ラブロフ外相は、ロシアの立場について、マスメディアに詳しく説明しているのです。この会談後も記者会見を開いていましたね。日本のメディアも、それを主な情報源にしていました。

しかしこの記者会見は、ロシアの国営テレビで生中継されていたのです。ならば当然、ラブロフ外相は「我々はロシアの国益を毅然と主張している」という誇張気味の姿勢になりますよね。日本のメディアは、そういう文脈を割り引いて解釈しなければいけないのですが、それができていない。

**池上**　一方の河野さんは、たしかに対照的ですね。北方領土交渉に関する情報を、ほとんど本人の口から語っていません。一八年末の記者会見でも、関連する質問を四度も「次の質問どうぞ」と無視して答えず、大問題になりました。

**佐藤**　そうです。日本は、外務省関係者も交渉内容に関する情報をほとんど表に出していないのです。つまり日露間で情報の非対称性が生じている。だから日本のメディアも、ラブロフ外相の発言に頼らざるを得ないわけです。

ただし、ラブロフは日本に宿題をいくつも出してきましたが、難しいものはほとんどないんです。繰り返しますが、ロシアは北方領土について、第二次世界大戦中の連合国の合意によって日本からソ連に合法的に引き渡されたと主張しています。これはソ連時代から一貫しているのです。一方、日本はロシアに不法占拠されているとして、その返還を要求しているわけです。ロシアとしては、その論理は認められません。

だから日本が北方領土問題を解決したいなら、ロシアの立場を満足させる知恵を出せと。それがラブロフ外相のメッセージなんですよ。

**池上**　なるほどねえ。

**佐藤**　しかも、その知恵はすでに日ソ共同宣言の中にあるのです。そこには、ロシアが日本に歯舞群島と色丹島を「引き渡す」と書いてある。これは日本側が主張する「返還」ではなく、ロシアが主張する「贈与」でもなく、中立的な表現なのです。それを、日本では「返還」と解釈すればいいし、ロシアでは「贈与」と解釈すればいい。それぞれ国内でそう説明することによって、お互いに非難し合うことなく領土問題を解決できるわけです。

**池上**　それは最初の話につながりますね。まさに安倍さんとプーチン大統領のリーダーシップが問われることになる。

**佐藤**　あとは、その環境を整備することが日露両国の外交官の仕事です。

## 対中国で日露の思惑は一致している

**佐藤**　そしてもう一つ、日本ではほとんど報道されなかったのですが、この会談後のラブロフ外相の会見で注目すべき発言がありました。

記者から「最近、河井克行自民党総裁外交特別補佐が、ロシアとの平和条約締結問題に関して、米国の支持を当て込んでいると述べたことに対して河野外相はコメントしたか」という質問があったんです。これは、一月八日に河井さんがワシントンで講演した際の発言を念頭に置いたものです。「産経ニュース」にしか出ていないのですが、以下のように報じられました。

〈(河井氏は) 北方領土問題を含むロシアとの平和条約締結交渉について、中国の脅威に日露が共同対処することも念頭にあるとして米国側の理解を求めた。拡張主義的行動を続ける中国への脅威認識を米国と共有しているとも協調した〉(「産経ニュース」二〇一九年一月九日付)

この質問に対し、ラブロフ外相はこう答えています。

〈中国を封じ込めるために、「軍事同盟を強化する」ので、米国は日本とロシアの平和条約に関心を持つべきであるという自民党総裁外交特別補佐である河井氏の発言は、言語道断の言説である。今日、われわれはこのことについてもすべて率直に話した。日本側は、この紳士（河井氏）が行政府を代表しているのではなく、自民党総裁の補佐であることに注意を払って欲しいと言った。ただ残念なのは、安倍氏は自民党総裁でもあることだ〉

**池上**　「この紳士」という言い方が嫌味ですね（笑）。

**佐藤**　わざわざロシア語の「ジェントリマン（紳士）」という言葉を使っているんですよ。しかしこの発言を、河井さんへの非難と捉えるのは表象的だと思います。河井発言には当然、中国も神経を尖らせています。私の知る限りでは、中国外務省はロシア外務省に対し、水面下ながら高いレベルで二度も懸念を表明したようです。

だからラブロフ外相は、テレビ中継を通じて「ロシアとしては、日米の対中包囲網に参加するつもりはない」というメッセージを発したわけです。

**池上**　しかしロシアも、中国の急速な影響力の拡大を警戒していますよね。日本との平和条約締結を目指す理由の一つは、中国を牽制したいからでしょう？

**佐藤**　そう。ロシアの本音を正確に捉えることが大事です。

だから北方領土について、ラブロフ外相が日本に「第二次世界大戦の結果を受け入れよ」とか「不法占拠論を取り下げよ」としきりに迫ってきても、日本は過剰反応する必要はないのです。歴史認識に関する議論は学者に任せ、外交官は現実的に問題を処理しましょうというアプローチでいい。

実際、日本は日ソ共同宣言の発効を経た一九五六年一二月、ソ連の支持を得て国連に加盟しています。この事実そのものが、日本が第二次世界大戦の結果を受け入れ、当時のソ連もそれを認めた証拠です。こういう論理で通せば、交渉が袋小路に入ることは避けられるはずなのです。

**池上**　ところが、そう筋を通して説得できる外交官がいないことが問題で。

**佐藤**　本来、この種の議論が出てきたら、持ち帰ってはいけないのです。瞬時に回答して、相手側にボールを返すことが重要です。

こういうとき、外交の世界でよくある手段がコーヒーブレイクです。河野さんにカードがないとわかったら、同行の官僚がただちに河野さんにメモを渡し、一〇～一五分の休憩を申し出てもらう。そして一旦席を外し、これまでの経緯や、ボールの返し方を河野さんに伝えるわけです。

しかし、外務省は長らく試合をしていないので、そういうノウハウがない。だから、いろいろな課題が持ち越されてしまうのです。

2019年1月22日、モスクワのクレムリンで行われた日露首脳会談

## ロシア政府は一枚岩ではない

**池上**　一月二二日には、クレムリンで安倍首相とプーチン大統領の首脳会談が行われました。両首脳ともに平和条約締結に強い意欲を持っていることはわかりましたが、経済協力の話が中心で、領土問題や平和条約については具体的な進展がなかったという見方もあります。佐藤さんはどう見ますか？

**佐藤**　成果はあったと思います。まず経済について、両国の貿易額を現在の一・五倍にあたる三〇〇億ドルに引き上げることで合意しましたね。これは領土問題を解決するための環境整備の一環だと思います。経済的な関係強化の話になると、よく「ロシアに食い逃げされるだけじゃないか」という議論になりますが、それは成り立ちません。ロシアはODA（政府開発援助）の対象国ではないですからね。政府がお金を出すのではなく、あくまでも民間ベースの話なのです。

あるいは防衛当局や国境警備当局の交流、北朝鮮問題の連携、航空機を使った元島民の北方領土への墓参などでも合意したと。これらはいずれも、日本が当初想定していたとおりです。成果といえるでしょう。

**池上** そして注目の領土問題について、プーチン大統領は会談後の共同記者発表で「シンガポール会談で安倍首相と、一九五六年の日ソ共同宣言を基礎に、交渉過程を加速することで合意した。この宣言は第一義的に平和条約締結を想定している」と述べていましたね。

**佐藤** 実はそこが、この会談のものすごく重要なポイントなのです。日本の新聞は「合意した」と書いていましたが、実はそうではない。プーチンが語ったロシア語は「約束した」でした。以前はたしかに「合意した」と言っていたのですが、今回はより強い表現に変えたのですよ。

プーチンはKGB出身なので、言葉遣いは常に慎重です。言葉を変えたことに意図があるのは明らかでしょう。平和条約の締結に強い意欲を持っているということです。

**池上** 安倍さんも、その場で「戦後七〇年以上残されてきた課題の解決は容易ではない。しかし、私たちはやり遂げねばなりません」と強く決意表明していましたね。

**佐藤** ただし、問題はここから。この会談はロシアの二面性も明らかになりました。ロシア政府内は、けっして一枚岩ではないのです。

先のシンガポールでの日露首脳会談後、日本側は北方領土問題に関してかなり激しく外交攻勢をかけました。外交には常にかけ引きの要素があるので、対するロシア外務省の抵抗が激しくなるのは当然です。

だいたいロシア外務省には、交渉がまとまらなくてもかまわないという意識がある。少なくとも当局として、現状維持で失うものは何もないと考えているのです。しかしプーチンの意向に反することもできません。またロシア大統領府も同様、領土交渉を積極的に推進するつもりはないのですが、プーチンの意向に反する行動はとらない。

それから軍は総力を挙げて反対しています。サハリン州や漁業ロビーも利権を失うので反対です。一方、経済官庁と国営企業、特に天然ガスと石油関連、海運の企業は積極的。二島を日本に引き渡すことで、それ以上の経済的利益が得られますからね。

面白いのが対外諜報庁（ＳＶＲ）です。この組織出身のプーチンに対して、特別な親しみを持っています。そのプーチンがここで怯んでしまうと、権力基盤が弱いというメッセージを国内外に発してしまうことになる。だからプーチンを守るために、歯舞群島と色丹島の引き渡し反対の声が多いことも知りつつ、平和条約交渉の加速化に外務省よりはるかに意欲的です。二島を渡すだけで済むなら、早くやってしまったほうがいいと。

日露交渉のキーパーソン、ラブロフ外相

つまり、プーチン大統領を取り巻く政治・経済・軍事エリートの思惑はバラバラなのです。平和条約交渉は、そのバランスを反映しながら行われている。その前面で日本の外交官と交渉しているのがラブロフ外相であり、モルグロフ外務次官ということです。

**池上**　そういえばこの記者発表でも、プーチン大統領は「相互に受け入れ可能な決定への出口のためには、条件の整備についての長期間にわたる綿密な作業が今後あることを強調する」と言っていましたね。「加速化する」と決意表明する一方で「長期間にわたる」というのは、明らかに矛盾していいます。ロシア政府内の事情を反映していたのですね。

**佐藤**　そうです。北方領土問題には、方向性と時限性という大きく二つの要素があるのです。このうち方向性とは落としどころのことで、プーチンは二島を返還して国境線を画定するという意欲を持っている。これは譲らないと思います。

しかし、それをいつまでに終わらせるかという時限性については明確にしていません。だから「長期間にわたる」という言い方をした。この発言を根拠にして、ロシアのメディアは北方領土交渉を長期化させようとする意図で報道を行っています。

この背後には、ロシア外務省の働きかけがあるのです。とりわけポイントになっているのが、パノフ元駐日ロシア大使です。例えば会談翌日付の「産経ニュース」は、以下のように報じています。

〈今回の会談について露メディアや専門家らは軒並み「特筆すべきことはなかった」との評価だ。パノフ元駐日ロシア大使は二二日、国営ロシア通信に「ロシアは交渉妥結を急いでいない」との見解を述べた。パノフ氏はまた、日本側が模索しているとされる六月の大阪での20ヵ国・地域（G20）首脳会議での平和条約締結の大筋合意は「絶対にありえない」と否定した〉（「産経ニュース」二〇一九年一月二三日付）

つまりロシア外務省は、方向性についてはプーチンに従うものの、時限性については抵抗を続けている。北方領土問題の解決と平和条約の締結まで、時間のかかる問題を多数提示して、交渉の引き延ばしを図ろうとしているわけです。またプーチンは、そういう外務省の動きを抑え切れていないということでもありますね。

**池上** 日本側としては、そういう状況をよく分析して交渉に当たる必要がありますね。

**佐藤** そう。だから首相官邸と外務省がよく連携して、交渉を加速させる戦略を練らないといけない。

## ロシアが注視する安倍政権のゆくえ

**池上** しかし時限性の問題は、日本側にもありますよね。安倍政権のうちにまとめないと、すべて振り出しに戻るんじゃないですか?

**佐藤** 実はロシア側も、それを注視しているのです。彼らは安倍政権の権力基盤を、意外に脆弱だと見ている。特に直近では、厚生労働省の統計の不適切調査の問題が浮上しましたよね。これでモリカケ問題がぶり返せば、二〇一九年七月の参院選で負けるのではないかと。

**池上** ロシア政府内でも、プーチンのように平和条約を結びたい側は安倍政権の維持を望んでいるでしょう。しかしロシア外務省のような反対派は、安倍内閣の退陣まで交渉を引き延ばせば、すべて立ち消えになると考えているということですね。

**佐藤**　実際、過去に二度、ロシアは日本の内政に翻弄されているのです。一度目は一九九八年四月、静岡県伊東市の川奈で、当時の橋本龍太郎首相がエリツィン大統領に対して「川奈提案」を行ったときです。北方四島の北側に境界線を画定できれば、当面はロシアの統治を認めるというものです。

エリツィンはこの提案に乗り気だったため、当時外務省にいた私も同年五月のバーミンガムサミットでケリをつけようと考えていたのです。その実現の可能性は、きわめて高かったと思います。

ところがそれを、総理大臣秘書官に止められた。その外交成果を、七月の参院選後の橋本政権の権力基盤強化に使いたいというのが、その理由です。

しかし参院選で自民党は敗北し、橋本内閣は退陣して小渕恵三内閣が誕生しました。またその後、ロシアでは財政の悪化からデフォルト（債務不履行）が発生し、エリツィンの健康状態も悪化したため、日露交渉は大きく後退してしまったのです。

当時、私たちは後退の要因としてこうしたロシアの状況変化を挙げていましたが、実はそれより大きかったのが、エリツィンと小渕さんの相性です。橋本さんとはウマが合っていたのですが、小渕さんとはいま一つだった。首脳外交において、属人的な関係性というのはかなり重要な要素なのです。

**池上**　そうだったんですか。

**佐藤**　だからロシアからすると、日本の内政のせいで交渉が頓挫したという記憶になっているのです。

そして二度目は二〇〇一年三月の「イルクーツク声明」。森喜朗首相とプーチン大統領が署名した文書で、一九五六年の日ソ共同宣言を交渉の出発点と確認し、北方領土の帰属問題を解決して平和条約締結を実現しようという内容です。

ところがその直後、冒頭にも述べましたが、森首相は退陣して小泉純一郎内閣が成立し、田中眞紀子外相が登場します。ロシア側はしばらく様子を見ていたのですが、最初に話したとおり、翌二〇〇二年に鈴木宗男さんと私が逮捕されました。

このとき、日本の外務省はロシア側に「鈴木宗男が逮捕されても交渉の路線は変わらない」と説明したのですが、そこで主張したのが「四島一括返還」でした。ロシア側は到底受け入れられないので、ここでまたもや水泡に帰したわけです。

**池上**　ロシア側にとっては、一度ならず二度までも日本の内政のせいで交渉が頓挫したと。

**佐藤**　裏切られたという意識がある。だから今回、ロシア側は安倍政権の行方を冷静に注視していると思います。

**池上**　そうですね。外交は結局、内政ですからね。

**佐藤**　そう、内政の延長なのです。外交が本格的に動くのは、内政が煮詰まってきたときですからね。

## 日本はロシアと組むしかない

**池上**　ただいずれにせよ、今回はプーチンが平和条約締結に乗り気になったことで、大きく動き出したということは間違いないですよね。いろいろな立場の思惑があり、特にロシア外務省の遅延戦術もあるので、まだまだ長い道のりになりそうですが。

**佐藤**　間違いないです。バックグラウンドを含めて考えると、今回は事態が大きく動く可能性がかなりあるんですよ。むしろ遅延戦術があるからこそ、動かしたい側は積極的に動かなきゃダメなのです。

そしてもう一つ、おそらく今回が最後のチャンスだと思います。もしここで動かなければ、また「四島一括返還論」に逆戻りして、領土問題も平和条約の締結も永久に解決できないままでしょう。もっとも、ドイツとロシアの間に平和条約はありません。日本もロシアと平和条約は作らないというシナリオもあります。それはそれで一つの選択ですが。

**池上**　しかしそれは、日本にとって得策ではないですよね。

**佐藤**　そう思います。今、なぜ日露関係が急に動き出したのか。それはトランプ大統領の登場が大きいですよね。アメリカが対北朝鮮の政策を転換したおかげで、北東アジアの再編が起きてしまったのです。もしこのままアメリカが北東アジアから手を引き、朝鮮半島の三八度線がなくなるような状況になれば、日本の立場はたちまち危うくなります。

**池上**　あらためてアチソンラインが生まれかねない。

**佐藤**　そうです。特に今の日本は、韓国との関係が難しくなっていますから。そこで北東アジアにおいてカウンターバランスをとろうと思えば、もうロシアと組むしかないと思うのです。

だから日本人は、ロシアについてもっと深く知る必要がある。今のところは「近くて遠い国」ですが、そうも言っていられません。政治状況はもちろんですが、ソ連時代からの歴史や国民性、外交姿勢など、誤解している部分も多いと思いますから。

**池上**　それらを知ることで、ここまで話してきた日露交渉についても、より深く理解できるようになる。1章以降の議論は必読ですね（笑）。

ロシアがもっとわかるキーワード①

## 「アチソンライン」

一九五〇年一月、アメリカのディーン・アチソン国務長官は、演説の中で「日本、沖縄、フィリピン、アリューシャン列島への軍事侵略に対してアメリカは断固として反撃する」と明言。これがアメリカの共産圏に対する防衛線と見なされ、「アチソンライン」と呼ばれるようになった。

問題は、そこに朝鮮半島が含まれていなかったことだ。これを受けて同年六月、一九四八年に建国したばかりの北朝鮮の金日成首相（当時の役職名）は、中国の毛沢東とソ連のスターリンの同意を取り付け、事実上の国境線だった北緯三八度線を突如南下して韓国への軍事侵攻を開始。ここから朝鮮戦争が始まったのである。

米軍を中心とする国連軍が韓国側で参戦した時点でアチソンラインは破られ、一九五三年七月の休戦協定によって三八度線に沿った軍事境界線が設定された。以後、日本にとって韓国はいわば緩衝地帯だった。

しかし今後、仮に三八度線が消滅する事態になれば、軍事境界線は対馬海峡あたりまで下がってくるおそれがある。〝最前線〟に立たされる日本は、防衛・安全保障体制の再構築を迫られることになるだろう。

# 1章

# 蘇る帝国「おそロシア」の正体

## なぜプーチンは圧倒的支持を得ているのか

### 日本人にとってのロシアには、二つの顔がある

**池上**　「おそロシア」という言葉がありますよね。よくわからなかったり、怖かったりというのが、日本人のロシアに対する一般的なイメージだと思います。

ロシア革命前の帝政ロシアの時代でいえば、朝鮮半島にロシアがやってくるんじゃないかという危機感があって、日露戦争に発展しました。それでソビエト連邦になったら、今度はまたよくわからない。そのソ連が崩壊してロシア連邦になって、ゴルバチョフ[※1]の登場でイメージはちょっとよくなったけれど、その後でエリツィン[※2]という型破りな人が現れた。さらにプーチンになってまた強面の国になった。結局、ロシアはよくわからないし、怖い。これが一般的な日本人のロシア観だと思いますが、いかがですか。

**佐藤**　私もそう思います。今のご指摘と非常によく似たことを、東京大学名誉教授の和田春樹先生が仰っています。日本人にとってのロシアには、常に二つの顔があると。一つ目の顔は「先生としてのロシア」。帝政ロシアの時代には、例えばトルストイやドストエフスキーがいましたね。そういうロシア文学への憧れ、あるいはロシア演劇への憧れもあったんです。あるいはソ連以降は、共産主義という楽園を実現した先生という意味も加わりました。

そしてもう一つ、同時にある顔が「軍事的な脅威としてのロシア」。特に共産主義というのは、反共体制をとった日本には敵になるわけです。こういう両面が常にあったということですね。

ソ連時代、日本のロシア専門家の中でも優秀な人、ロシア語がよくできる人というのは、「先生としてのロシア」という考え方をする人が中心でした。あるいは商社員の基本的なメンタリティも「先生としてのロシア」です。留学はできないけれど、ソ連の社会の中で暮らしてみたい。ならば商社員になろうという人が多かった。

ところが政府に影響力を与えるような人は、「脅威としてのロシア」という考え方をする人が中心でした。そういう人たちはソ連に留学できなかったので、ロシア語もできないんですよ。だからアメリカ仕込みのソビエトロジーを吹聴するわけです。

その両者の特異点的なところにいたのが、ロシアスクール（外務省でロシア語を研修し、ソ連・ロシアとの外交を担当する人たちの語学閥）の外交官です。ロシア語はできるけれど、「脅威としてのロシア」という立場でソ連を見ていたわけです。

※1　ゴルバチョフ、ミハイル　一九三一年〜。一九八五年にソ連共産党書記長に就任し、「ペレストロイカ」（改革）と「グラスノスチ」（情報公開）を断行。東西冷戦を終結させたが、一九九一年の「八月クーデター」により失脚。

※2　エリツィン、ボリス　一九三一〜二〇〇七年。ロシア連邦初代大統領。新生ロシアの民主化を推し進める一方、市場経済化による混乱、チェチェン紛争の泥沼化、閣僚との対立等を招き、九九年にその職をプーチンに譲った。

ところがその後、文学への関心が薄れ、また共産主義への関心も薄れるという消去法がなされた結果、「先生としてのロシア」という発想がほとんど消えてしまいました。その結果、「脅威としてのロシア」、つまり「おそロシア」の部分だけが残って今日に至っているんじゃないかと思います。

**池上**　たしかに戦後の日本で、例えば社会主義運動が盛り上がると、ソ連が先生というイメージがありましたね。歌声喫茶が流行したりして。

## ロシアで高まるプーチン支持とナショナリズム

**佐藤**　スターリン時代[※1]にできた「私の祖国」という古い歌があるんです。「果てしなく続く大地、祖国、わが祖国よ……」っていう歌詞で、かつては日本の歌声喫茶でもよく歌われていました。

**池上**　スターリン時代といえば、例えば第二次世界大戦を「大祖国戦争」と言い換えて愛国心を鼓舞していましたね。でも本来、マルクス・レーニン主義[※2]において「祖国」の概念はないはずなんです。「プロレタリアは祖国を持たない」ので。それなのにぬけぬけと……。

**佐藤**　そうそう、完全にナショナリズムに訴えていました。それでね、今のロシアでは、この「私の祖国」がリバイバルしているんです。

**池上**　そうなんですか。

**佐藤**　例えば二〇一七年の建国記念日に、プーチン政権を支持する「若きロシア」という青年団体の主催で官製フェスティバルが開かれたんです。大盛況だったのですが、そこでも大々的に歌われていました。アルスーという、日本でいえば安室奈美恵に当たるような人気歌手が出てきてね。

**池上**　安室奈美恵が「君が代」を歌うような感じですね。

**佐藤**　途中からはラッパーも出てくるんですよ。

**池上**　今度はＥＸＩＬＥが「君が代」を歌うようなものかな。

**佐藤**　そうそう。「わがロシアは偉大で美しく、強く、そして自由で公正で……」と。それから国歌斉唱もするんです。

それで重要なことは、この種の行事に、政権は動員をかけていないということです。若い人たちが自主的に集まってくるんですよ。あるいは子どもも軍人も一緒になって歌を歌う。これが今のロシアの日常的な光景です。この一点からも、ロシア国民にとってプーチン政権がどう

※1　スターリン、ヨシフ　一八七八〜一九五三年。レーニンの死後、後継候補を次々と排除して独裁体制を確立。その後の粛清による犠牲者は、数十万とも数千万ともいわれる。「スターリン」は「鋼鉄の人」を意味するペンネーム。

※2　マルクス・レーニン主義　マルクス主義に基づくレーニンの革命思想。ブルジョア階級が支配する国家を暴力的に破壊し、プロレタリア独裁を達成しなければならないと説いた。スターリンによって定式化。

いう存在かがわかるんじゃないでしょうか。

**池上**　かつてスターリンが「私の祖国」でナショナリズムに訴えた構図が、今も形を変えて残っているということですね。

**佐藤**　そういうことです。しかも問題は、その手法がけっこう成功していることなんですよ。プーチンが怖いから、国家に抑圧されているから、国民は嫌々従っているだけというイメージで語られることもありますが、そんなことはない。

これは最近の現象です。私が外務省職員としてモスクワにいたとき（一九八七～九五年）は、こんな曲を歌ったら頭がおかしいと思われた（笑）。ソ連崩壊後ならば、レストランに共産党の幹部が集まり、バンドがこの曲を演奏するなら、店を貸し切りにする必要がありました。他の客が聞いたら喧嘩が始まりますからね。だから、今のロシアはずいぶん変わったなと。

**池上**　そうすると、プーチンに反対するようなヤツは非国民だ、売国奴だっていう話にもなりますよね。

**佐藤**　二〇一七年末、恒例の大記者会見が行われたとき、記者として出席したクセーニヤ・サプチャク[※1]がプーチンを非難したら、居合わせた他の記者たちが怒鳴り始めましたね。「無礼なことを言うな」と。あれは記者が迎合しているんじゃないんです。あれがふつうの雰囲気なんですよ。

クセーニヤ・サプチャク。大記者会見の会場にて（2017年12月14日）

## 反プーチン運動が盛り上がらない理由

**池上**　別に批判する自由がないわけではないと。

**佐藤**　あるんです、ふつうに。ただし、国民がそれを受け入れない。例えばアレクセイ・ナヴァリヌィという反体制派の政治活動家がいますね。有名なユーチューバーでもあるので、ネット上では人気がありますが、国民が受け入れないんですよ。

**池上**　でしょうね。

**佐藤**　でもそれがロシアの伝統なんです。だから帝政ロシアの時代、農村に入って農民を啓蒙しようとしたナロードニキ[※2]という革命家たちがいましたね。彼らの言い分としては、「お前たちのため

※1　サプチャク、クセーニヤ　一九八一年～。プーチンの恩師である元サンクトペテルブルク市長アナトーリー・サプチャクの娘。大統領選では「反プーチン」を掲げて出馬。

※2　ナロードニキ　一八六〇～七〇年代、帝政の打倒と自由な農村共同体を基礎にした新社会の建設を目指した革命家の総称。「ナロード」は農民など一般民衆を指す。

に言っているんだぞ」と。ところが農民は、彼らをあっさり警察に突き出した。こういう構造は今でもあるということです。

**池上**　戦後日本でも、共産党が山村工作隊《さんそんこうさくたい》[※1]を組織して農村に入っていくと、周りから怪しまれて通報されるということがありましたよね。

**佐藤**　ロシアと日本というのは、政治観が似ているかもしれませんね。

　大統領選挙についても、ロシア人の感覚は欧米とは明らかに違います。よい候補者を選ぶというより、悪い候補者やとんでもない候補者を排除できる機会という捉え方なんです。

　二〇一八年三月に行われた大統領選挙でも、プーチン以外の候補者といえば、まずジリノフスキー[※2]。「日本が北方領土を要求したら再び原爆を落としてやる」とか、「モスクワから黒い連中（コーカサス出身者）を追い出す」とか言っている人ですね。それから二番目はジュガーノフ[※3]。スターリンこそ偉大な人物であり、今のロシアをスターリン時代のソ連に戻そうと呼びかけている。あるいは、税金をなくす代わりに社会保障も廃止して、強い者が総取りする社会を作ろうと説く起業家とか。こういう候補者と比べると、やはりプーチンが一番マシですよね。

**池上**　そういえば以前、モスクワで「反プーチン」の集会が開かれたというニュースがありました。それを「うねり」と報じた新聞もありましたが、集まったのはたったの一五〇〇人なんですよね。これを「うねり」といえるのか。

**佐藤**　そのとおりです。日本でも、金曜日ごとに官邸を取り巻いて集会が開かれていますね。これも小規模ですが、一部では「反安倍政権のうねり」と表現される。ただいずれにせよ、いくら一過性で集まっても、組織化されていなければ政治力はほとんど持ちませんね。
だいたいソ連でもロシアでも日本でもそうですが、行政権が優位な国家においては、いくら議会を通じた行動、あるいは直接行動を起こしても、行政権に影響が及ばない限り、何の変化も得られないんですよね。

**池上**　ですよね。

## 中間層を増やそうとすると、反プーチンが増えるパラドックス

**佐藤**　ロシアの特徴の一つは、大衆とエリートとがまったく別の存在であるということを、双方ともに認めていることです。
だからアメリカ人のように、権力を批判しようとか、内部告発してやろうとか、自分は虐げ

※1　山村工作隊　一九五〇年代前半、日本共産党の一部が組織した武装部隊。しかし農村で支持を得ることはなく、警察の取り締まり強化によって消滅した。
※2　ジリノフスキー、ウラジーミル　一九四六年〜。ロシア自由民主党党首。しばしば極右的・民族主義的な発言で物議を醸す。
※3　ジュガーノフ、ゲンナージー　一九四四年〜。最大野党のロシア連邦共産党党首。過去四度、大統領選挙に立候補するが、いずれも大差の次点で落選。二〇一八年の選挙には出馬しなかった。

られていると認識している「怒れる白人」といった発想が、ロシアでは考えられない。そもそもエリートは別の人たちであり、それぞれ住む世界が違うという意識が徹底しているんです。

**池上**　アメリカでも本当に田舎の貧しい地域の人々は、エリートを別世界の人と認識しているようですよ。エリートの権力や不正を許せないと思っているのは、主に中間層のところでしょう。

**佐藤**　ロシア社会において、中間層が薄いんですよ。ここにプーチン政権のパラドックスがあります。プーチンは中間層を厚くして、ロシアに市民社会を作り、公共心を強化しようとしている。それはある程度成功しているのですが、その市民層が反プーチンになっているんです。

**池上**　そうですよね。

**佐藤**　だから反プーチンのデモに相当数が集まるということは、それだけ市民層が育っているわけです。自立した個が育ち、人権をきちんと主張するというのは、まさにプーチンの政策の目標だったのです。

**池上**　それが功を奏し始めたと。

**佐藤**　そういうことです。プーチンはそれをわかっているから、そこそこの弾圧しか加えないわけです。

だから検閲に関しても、度合いが違うんですよ。テレビの検閲は非常に厳しい。新聞はかなり自由に書ける。雑誌はほぼ検閲がない。書籍はもっと自由です。

**池上**　中国とは違うんだ。

**佐藤**　それでインターネット空間に関しては手付かず。こういう構成です。彼らが気にしているのは、とにかくテレビだけなんです。

**池上**　ということは、これからも中間層は育っていくということですね。

**佐藤**　育っていきます。おそらく今後、ポストプーチンという時代が訪れるとしたら、彼らがより大きな役割を果たすんじゃないかなと思いますね。

## 西欧が望む「民主化」に至らなかった原因は、「モスクワ騒乱事件」にあり

**池上**　ソ連の崩壊後、結局ロシアは西側諸国が期待したような民主国家にはならなかったわけですよね。それはなぜなのでしょうか。ゴルバチョフが出てきて改革を断行し、さらにエリツィンが大混乱を招いたことは間違いありませんが。その分岐点のようなものはありましたか。

**佐藤**　エリツィン時代における分岐点でいえば、一九九三年一〇月の「モスクワ騒乱事件※」だと思います。

※　モスクワ騒乱事件　エリツィン大統領の新憲法制定に反対する最高会議議長などの議会派勢力が、最高会議ビルに籠城。大統領側は最終的に軍の戦車でビルを砲撃して収束。死者・負傷者は六〇〇人以上にのぼると見られる。

砲撃を受けた後のベールイ・ドーム（1993年10月撮影）

**池上**　エリツィンが敵対する保守派の籠るホワイトハウス（ロシア最高会議ビル。ベールイ・ドーム）に砲撃を仕掛けた事件ですね。

**佐藤**　そう。あれは衝撃的で、ああいう事件を二度と繰り返さないというのが、どんな政治グループにも共通するコンセンサスになったんです。

同時に、私が非常に印象的だったのは、当時のロシア正教会[※1]の総主教アレクシイ二世が仲裁に乗り出したことです。両陣営ともにロシアの子であると明言するとともに、正教会の神父が議会選挙に立候補することを禁止した。聖職者の道か政治家の道か、どちらかを選べと。両陣営に聖職者がいたんですね。

それから新憲法が制定されると、大統領は総主教の前で就任式を行うようになりました。

プーチンの場合はすべての宗教団体の代表者を呼び、その前で宣誓する形をとっています。ロシア憲法の政教分離の原則から見ればおかしいのですが、それが現実に起きているんです。

これは、日本の戦前の国家神道に似ていると思います。宗教が政局を超越する存在になったという意味で。ロシアでは正教会がそんな役割を担うようになったんです。

つまり、社会の考え方は一つではないから、民衆が自分たちの代表者を選ぼうとすると内乱になる。それなら、上からイデオロギー的に抑え込んでもらったほうが安定するじゃないかと、そういう発想だと思うんです。そのきっかけを作ったのが、「モスクワ騒乱事件」だったんじゃないかな。

**池上**　「アラブの春[※2]」が象徴的ですが、アラブ世界では自分たちが民主的に何かを決めようとすると、かならず混乱が起きるという考えがありますね。だから、力のある者が抑え込んだほうが、統制や秩序が保てて安定するんだと。民主化なんてとんでもないと。これがアラブの人たちの伝統的な発想です。ロシアの人たちにも、そういう思いがあるということですか。

**佐藤**　ロシアはちょっと違うと思うんですよ。逆に多数決を認めない、全員一致を目指すコン

※1　ロシア正教会　キリスト教の一派である東方正教会の中心的教会。一〇世紀末、ビザンティン帝国（東ローマ帝国）の首都コンスタンティノープルからキエフに入って発展した。
※2　アラブの春　二〇一一年の初頭から中東・北アフリカ各国で起きた反政府・民主化運動の総称。チュニジア、エジプト、リビアでは政権交代、バーレーン、ヨルダン、モロッコでは憲法改正が実現。

センサスシステムなんです。だから、本来は全員が拒否権を持っているわけです。
例えば農村共同体のことを、ロシア語で「ミール（мир）」といいます。同じ発音の「ミール」には「平和」「世界」という意味もあるんです。つまり「農村」「平和」「世界」がすべて一緒なんです。

**池上**　ソ連が打ち上げた宇宙ステーションも「ミール」でしたね。

**佐藤**　はい、その「ミール」です。いずれにしても、コンセンサス方式でなければ物事を進めないというのが不文律なんです。裏返すと、コンセンサス方式で進めなければ「モスクワ騒乱事件」のようなことが起きてしまう。だから上からの強い権力を確立するには、完全なコンセンサスが必要ということなんです。
だからプーチン大統領にしても、日本では上から抑えつけている独裁者という見方がよくされていますよね。でもそれは正しくない。プーチンを囲むグループがいくつかあって、プーチンを独裁者に見せることによってお互いに利益を見出すというのが、すべてのグループのコンセンサスなんです。だからプーチン政権は成り立っているわけです。

## ロシアに領土的野心はあるか

### プーチンの関心事は地位の保全と蓄財？

**池上**　ロシアの情報機関は対外諜報庁（ＳＶＲ）と連邦保安庁（ＦＳＢ）に分かれていましたが、大ＫＧＢとして統合しようという動きがありますね。傍から見ていると諜報や弾圧を強化する動きのようにも思えますが。

**佐藤**　それはあまり関係ないと思います。旧ＫＧＢのとき、第一総局が対外諜報を、第二総局が国内治安と防諜を扱っていましたが、人事交流はまったくなかったんです。ＫＧＢ長官というポストは一つでしたが、組織は二つ存在していたわけです。プーチンは第一総局の出身なので、第二総局との交流はないんです。

**池上**　第一総局のほうがエリートというイメージですか？

**佐藤**　第一総局は給料が高くてエリートなんですが、力は第二総局のほうが持っていた。第一総局が「攻め」なのに対し、第二総局は「守り」ですからね。盗聴も、スパイ摘発も、国内反体制の監視も第二総局なんです。

**池上**　ということは、第一総局のメンバーを監視することもあり得ると。

**佐藤**　そうです、実際にやっています。だから大ＫＧＢを作るというのは、実質的な意味はありません。人事交流を行わない以上、実態は変わらないですね。

**池上**　なるほどね。かつては国境警備隊もＫＧＢだったでしょう。

**佐藤**　そうです。その後、連邦国境庁として独立しましたが、二〇〇三年に連邦保安庁の中に戻されています。ここは他の情報機関との間で人事交流があるので。つまり組織の動向は、人事の流れを見ないとわからないですね。

**池上**　ではプーチンは何を目指しているのですか？　よく言われるのが、プーチンの執務室にはエカテリーナ二世[※1]の肖像画があると。だから帝政ロシア時代を取り戻そうとしているんじゃないかとか。

**佐藤**　その点は、私は非常に冷めて見ているんです。プーチンの最大の目標は、今のバランスを維持しながら、大統領の座にいることだと思いますね。

**池上**　ほう。帝政ロシアの時代を取り戻すということではないと。

**佐藤**　ないと思う。そんなに大きなことは考えていない。基本的にプーチンは政治家というより、官僚だと思いますね。行政権の優位を典型的に示す人。紙に書いたことがそのまま現実になっていくわけだから、官僚には人気がありますよね。

側近集団のバランスをとりながら生き残りを図っているのが、今のプーチンの真の姿だと思います。

## 線の国境を信用しない

**池上**　ただプーチンは、ソ連崩壊のことを「地政学的な大悲劇」みたいな言い方をしていますよね。だとすれば、やはり大帝国のようなものを取り戻したいのかなと。

**佐藤**　仮に取り戻そうとしているとして、その範囲はどこまでかということですよ。ベラルーシはすでに国家連合を作っていますよね。それからウクライナを取り戻すという発想はないと思う。※2

**池上**　緩衝地帯にしておけばいいという。

**佐藤**　そうです。だいたいロシア人は、線の国境を信用していません。そんなものはいつでも侵犯されると思っている。それはたぶん、「モンゴル＝タタールのくびき」の時代が長かったからでしょう。だから国境の外側に、自国の軍隊をいつでも自由に展開できるバッファー地帯を持たなければ不安という感覚がある。これはプーチンに限らずロシア人の特徴的なところですね。

実際、ソ連は第二次世界大戦時にバルト三国を併合しました。その先にあるバルト海がバッ

※1　エカテリーナ二世　一七二九〜一七九六年。帝政ロシア時代の女帝。ロシアの領土をポーランドやクリミア半島まで拡大し、「大帝」と称される。
※2　ウクライナ紛争　二〇一四年、EU加盟を目指すウクライナ政府と、同国東部を支配する親ロシア派勢力との対立が激化して武力衝突に発展。ロシア正規軍の関与が取り沙汰されるが、ロシア側は否定。

ファー地帯になるから、それでよかったんです。しかしポーランドやチェコスロバキアなど東ヨーロッパは併合しなかった。特にスロバキアなどはソ連への加盟を望んでいたのですが、それを拒否しました。併合すると、西側と直接国境を接するから、つまりバッファー地帯を持てなくなるからです。

あるいは昨今でも、ベラルーシやモルドバやウクライナは、いずれもロシアにとってバッファー地帯なんです。常にバッファーを確保したくなるのが、あの人たちの特徴です。これを理解しておかないといけない。

だからウクライナのドネツクとルガンスクにはロシア兵が展開していますが、正規軍は一人もいないんですよ。

**池上** ああ、そうですよね。

**佐藤** 軍隊を国境まで移動させて、そこで部隊長が言うわけです。「お前たちの中で明日から休暇を取りたくない者は前に出ろ」と。そうすると誰も出ませんよね。さらに部隊長は言うんです。「そこで相談だ。これからドネツクとルガンスクにボランティアで行こうと思うが、俺と一緒に来ない者は前に出ろ。君たちが自発的に判断していいから」と。

**池上** (笑)。

**佐藤** そう言われれば、全員一緒に行くでしょう。それで、ボランティアという建前だから、

ウクライナと周辺の国々

「階級章を外せ。身分証明書も外せ」と指示する。これによって身分のよくわからないロシア兵を駐屯させることで、バッファーを確保しているわけです。これがロシア的な感覚なんですよ。

**池上** それでももし捕虜になったら、「元ロシア兵だ」という言い方をしますよね。現役ではないと。

**佐藤** そういうことが平気でできる人たちなんですよ。

**池上** 一九七九年にソ連がアフガニスタンに侵攻した※のも、それまでバッファーだと思っていたこの国が、そうではなくなるという危機感からでしたよね。結局、大失敗するわけですが。

**佐藤** それは彼らがかつて、中央アジア（トルキスタン）でイスラムパワーと組んでロシア革命を成功させた経緯があるからでしょう。その力があまりにも大きくなり過ぎたので、ソ連はこの地域をタジキスタン、キルギス、ウズベキスタン、カザフスタン、それにトルクメニスタンという五つに分割して統治した。つまり、イスラムの力を削ぐために、上から民族を作り出したわけですね。

※ ソ連のアフガニスタン侵攻　一九七九年、ソ連軍がアフガニスタンの共産主義政権支援のために同国に侵攻。しかし反政府勢力は、イスラム諸国からの義勇兵やアメリカからの武器支援を受けて抵抗。ソ連軍は一〇年後の一九八九年に完全撤退した。

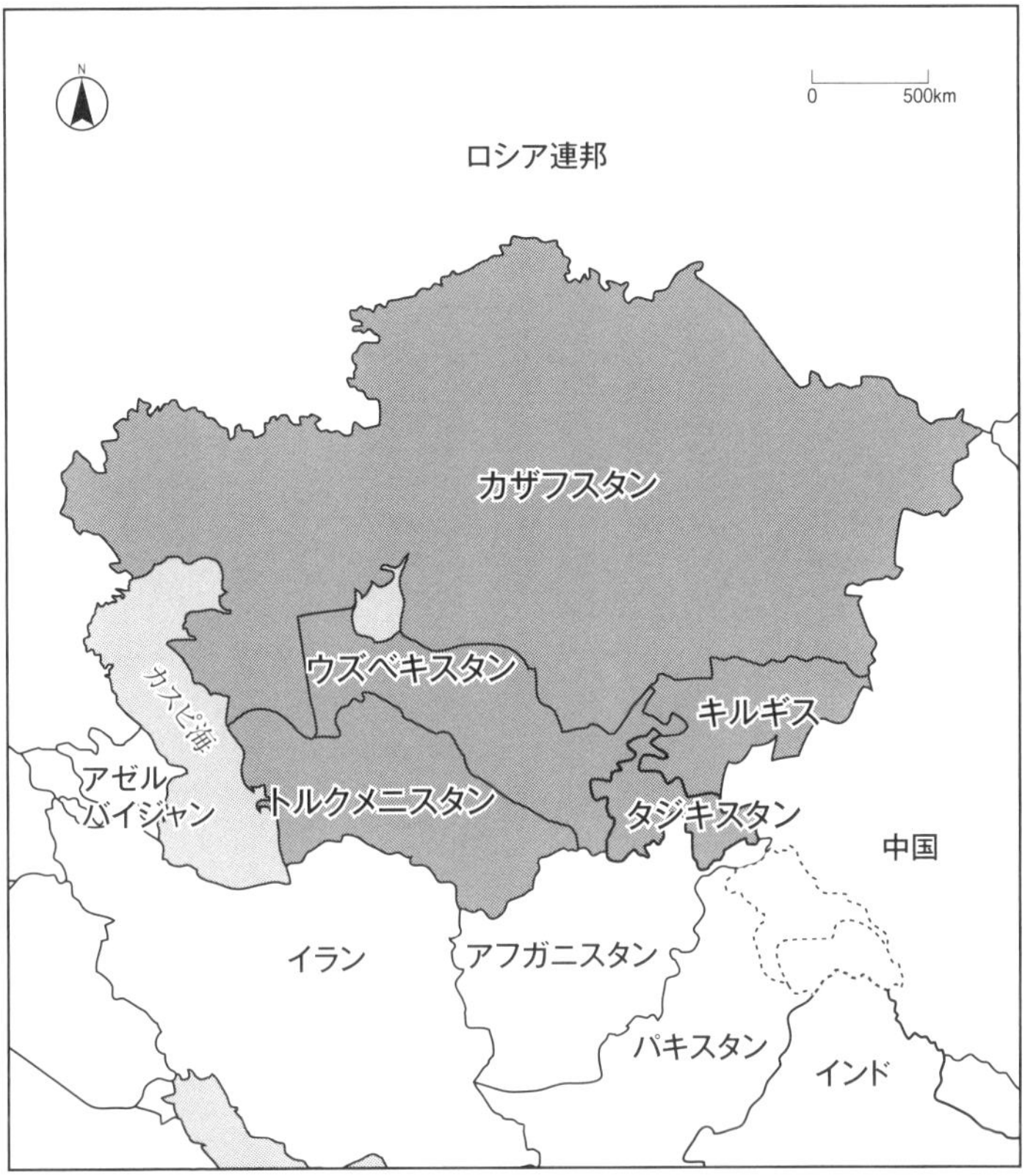


中央アジアの旧ソ連の国々

ところが一九七九年にイランでイスラム革命が起こり、そのイスラミズムがアフガニスタンにも影響を与えるおそれが出てきた。それがどういう危険をもたらすか、皮膚感覚でわかっていた。国境を接するタジキスタンのタジク人は、アフガニスタンにもまたがって住んでいる。こういうことに関して、ロシア人はすごく敏感なんですよ。

**池上** 国境といえば、日本との間にも海上に境界線がありますね。

**佐藤** 日本政府としてとっている公の立場は、一八五五年に締結された日露通好条約[※1]に基づいて北方領土を返還させるという方針ですね。同条約では択捉島とウルップ島の間に国境線を引くことになりましたから。

しかしこの条約のもっと大きなポイントは、樺太を従来のしきたりを踏襲して共住の地としたことなんです。つまり当時の感覚では、ロシア人も日本人も国境は面だったわけです。

ロシア人の場合は、この感覚が今でも変わらない。国境線の向こう側に、自国領ではないが自国の軍隊をいつでも自由に展開できるバッファーが必要という認識なんです。

だから北方領土問題に関する意見を聞けば、その人が素人か専門家かはすぐにわかる。例えば一時、択捉島の中に国境線を引こうという意見がありましたね。

**池上** ありましたね。

**佐藤** それはもう、聞いた瞬間に素人の意見だとわかるわけです。ロシアと陸続きの国境を持つとどれほど面倒くさいことになるか、ロシア専門家はわかっていますからね。

## プーチンが目指しているのは、スラヴ派への回帰

**池上**　そうすると、もうこれ以上ロシアがウクライナに干渉することはないと。

**佐藤**　ええ。もし本当に大帝国を取り戻すという発想があるなら、ウクライナから独立したドネツクとルガンスクの二州をもう少しまともに統治すると思うんですよね。今や両地域は完全なマフィア統治で、無法地帯になっているんです。

おそらくプーチンとしては、ウクライナに返すつもりでしょう。まともに統治するのはクリミアだけ。しかしウクライナも、こんな犯罪地域を戻されたら困りますよね。だからお互いに押しつけ合いになっているのが現状だと思います。

プーチンが目指すとすれば、カザフスタンまででしょうね。旧ソ連の大きなポイントは、回教共産主義[※2]を標榜していたこと。「万国のプロレタリアよ団結せよ」と呼びかけたのは、中央アジアとコーカサスのイスラム圏を味方につけることが目的だったんです。

※1　日露通好条約　幕末、日米和親条約に続いて幕府がロシアと締結した和親条約。国境を定めた他、ロシア船による箱館（函館）、下田、長崎の寄港を認めた。

※2　回教共産主義　マルクスの想定によれば、革命は資本主義が高度に発達した国で起こるはず。ところが革命前のロシアは資本主義後発国。そこで革命を正当化するために作られた概念。

ところがプーチン自身はイスラムに対して好意的ではありません。印象的だったのは、チェチェン紛争の際の記者会見である記者が「チェチェンにおける弾圧についてどう思うのか」と尋ねたら、プーチンは「イスラムに関心があるらしいな。いい割礼師を紹介してやろうか」と答えたんです。もしソ連の再統合を考えている指導者であれば、絶対にこんなことは言わないですよね。

**池上** もうイスラム圏はいらないと。

**佐藤** 現下ロシア連邦の版図《はんと》内にあるイスラム地域だけで十分ということでしょう。プーチンが考えているとすれば、大きな意味でのスラヴ派への回帰だと思います。一八四〇年ごろ、スラヴ派と西欧派による論争というものが盛んになった時期がありました。

西欧文明の新しくて優れた部分を取り入れるべきというのが西欧派。それに対してスラヴ派が重視したのが「ソボールノスチ」。これは「集団性」という意味です。例えばオーケストラでいえば、楽団員に楽器を厳密に割り当てて徹底的に練習させる。その結果として、全体では優れた演奏が可能になる。今のロシアが目指しているのは、まさにこういうモデルです。

そこで重要なのは、割り当てられた楽団員もけっして窮屈ではないということです。一人ひとりが分をわきまえて一生懸命に練習することで、全員と結びつく。その意味では有機体モデルなんです。

しかも、競争で誰かが総取りする世界ではないので、新自由主義とは馴染みにくい。むしろ、それぞれの人たちの固有性を認めているわけです。第一バイオリンだから偉いとか、一回しか叩かないティンパニーだから地位が低いということはない。全員がいなければオーケストラとして成り立たない、という発想なんです。だから今のロシアというのは、ロシア人にとって意外と居心地がいいと思いますよ。広義で言うと、イタリアのファシズムに似ています。

**池上**　なるほど、「スラヴ派よ団結せよ」ということですね。

## バルト三国への干渉は人権主義的に正当

**池上**　プーチンはバルト三国のことはどう見ているんでしょうか。

**佐藤**　プーチンはバルト三国に関心を持っていないと思います。バルト三国はＮＡＴＯのメンバーとなっているので、逆にアメリカの意を受けてロシアへ侵略する際の橋頭堡《きょうとうほ》になるのではないかという警戒心はありますよね。

ロシアが関心を持っているのは、各国にいるロシア系住民への処遇です。リトアニアは全人口の一〇％以下ですが、エストニアは三割強、それからラトビアは約半数を占めています。エストニアとリトアニアではロシア系住民の権利が保全されていますが、ラトビアだけはちょっと様子が違います。政策の結果として、彼らを無国籍者にしている。「ベズグラジダンストヴォ（国籍なし）」というパスポートを大量に発行しているんです。
ロシア系の住民は、試験を受けないとラトビア国籍を付与されない。しかしそれがかなり難解な語学試験で、さらに政治への忠誠度も問われる。ロシア系の住民はそんな試験で合格したくないわけです。かといってロシア国籍も取りたくない。ラトビアでもう何代も数十年も暮しているわけですからね。こういう人に無国籍パスポートを渡しているんです。
ラトビアがそんな彼らをどう扱うか。この一点だけは、ロシアも注目していると思いますね。

**池上**　そこで「ロシア人の保護」を口実に、介入することがあるかどうか。

**佐藤**　プーチン政権は、軍事介入はしないと思います。しかし今のラトビア政府のやり方なら、国際基準で見て介入されてもやむを得ないと思いますね。それほどひどいことをしていますから。

それからエストニアについても、私は以前、事実を知って驚いたことがあります。ナチスの外交官だったリッベントロップ※について調べていたとき、ジョン・ワイツ『ヒトラーの外交官――リッベントロップは、なぜ悪魔に仕えたか』を読んでいて驚いたのですが、ナチスがエストニアを占領してから殺したユダヤ人は何人かというと、統計上はゼロなんです。それ以前に、当時のエストニア政権が全部処理していたということです。

**池上**　ああ、なるほどねえ。

**佐藤**　バルト三国というのは、けっして民主的な地域ではない。日本ではあまり知られていませんけどね。

ロシア系住民への対応も、はたして人権基準を満たしているのか。それに対してロシアが干渉するというのは、正当かもしれません。それを西側が批判するとすれば、人権基準に対する西側のダブルスタンダードに見えますね。

## スウェーデンの徴兵制復活はロシア警戒のため？

**池上**　なるほどね。そういえば二〇一八年の一月一日から、スウェーデンが徴兵制を復活させましたね。一八歳から二一歳までが、一一カ月間の兵役に就く。これはなぜかというと、ロシアが脅威だからという言い方をしているんですよ。

**佐藤**　スウェーデンはNATO加盟も検討しているという説があります。その意図はどこにあるかというと、たぶん通信だと思いますね。ストックホルムというのは通信の中心です。湾内には国籍不明の潜水艦が何回か入ってきていますが、おそらくそれは諜報が目的ですよ。

彼らにとっては、サイバー攻撃のターゲットになるとか、それによって経済活動が大混乱す

※　リッベントロップ、ヨアヒム・フォン　一八九三～一九四六年。貿易商、ドイツ陸軍軍人を経て外交官に。一九三八～一九四五年までヒトラー政権で外務大臣を務める。第二次世界大戦後のニュルンベルク裁判で絞首刑に処せられる。

るとか、そういうことに対する脅威感覚が非常に強いと思うんです。

**池上**　今はフィンランドもスウェーデンもＮＡＴＯに入っていませんね。東西冷戦時代、ＮＡＴＯに入ると反ソ連の姿勢が鮮明になってソ連を刺激してしまう。だから入らずに、「我々は中立です。ソ連に敵対しませんよ」と。それによって国家の安全を維持していたわけですよね。

**佐藤**　スウェーデンは第二次世界大戦中も中立でしたからね。中立の伝統があるということです。

でも中立国って面白いんですよ。以前、イスラエルの情報機関員から聞いたのですが、彼は北朝鮮と秘密セッションを行ったことがある。それで先方から場所を指定されたのですが、東欧のどこかかと思っていたら、そうじゃない。スウェーデンだったそうです。スウェーデンは北朝鮮人のビザを必要としていないので。

**池上**　ビザがいらないんだ。

**佐藤**　そう、いらない。なぜなら第二次世界大戦中からの監視システムが残っているので、不信な外国人がいたら、すぐに警察に通報するようになっているんですよ。それはスイスも同様です。以前、イスラエルがスイスのイラン大使館に盗聴器を仕掛けていたことがあるのですが、それも監視システムによって発覚しました。

第二次世界大戦中、中立国に中立違反があると、他国の侵攻を招く危険性がありました。だからスイスもスウェーデンも、外国人に対する密告制度がすごく発達したのです。他国から見れば、きわめて工作をやりにくい国ということになりますね。

## フィンランドとロシアが抱える「北方領土」問題

**佐藤**　それからフィンランドも面白い国ですね。第二次世界大戦中のフィンランド空軍のマークって見たことありますか？

**池上**　たしかナチスの鉤《かぎ》十字と一緒でしたよね。

**佐藤**　そうなんです。色だけ水色の鉤十字。あの国の独特な感覚を、我々はもっとよくわかっておく必要がありますね。

ロシアとの関係でいえば、カレリアの問題があります。かつてカレリアはフィンランドの一部だったのですが、その大部分をロシアに取られたんです。この地域では正教会が強いので。

**池上**　ああ、なるほどね。実は今、フィンランドはロシアとの間で〝北方領土問題〟を抱えている。それがカレリア地方なんですよね。

**佐藤**　五木寛之がそこに目をつけて、以前『霧のカレリア』という小説を書いていましたね。

**池上**　だからフィンランドにしてみると、我が国固有の領土であるカレリアをロシアに不法に占領されているという立場なんですよ。

**佐藤**　ただ、ちょっと面倒くさい話でもあるんです。ロシアの中にカレリア共和国というのがあります。ソ連時代は連邦構成共和国（カレロ＝フィン自治共和国などの名称）で、つまりはもともとソ連から分離権を保証されていたのです。途中から保証されなくなったのですが。

そこにはカレリア人がいるわけですが、実はそう名乗っているだけのフィンランド人も多いんです。なぜなら、共産主義者はフィンランドにいると弾圧されるので。彼らはソ連に逃げたのです。

**池上**　なるほど、面白いねえ。

**佐藤**　その意味でカレリアは、完全なロシア占領下にある北方領土とはちょっと違う。もともとフィンランド人でありながら、自発的選択でソ連を選んでいる人たちが三割くらいいるんですよね。

だから、いくらフィンランド政府が本来は自分たちの領土だと主張しても、彼らは「冗談じゃない。ナチスの仲間みたいなひどい体制の国が嫌だから、我々は自由なフィンランドをここに作ったんだ」という認識なんです。

**池上**　そういえばフィンランドというのは、第二次世界大戦では連合国側じゃないですよね。枢軸国側[※1]でもなかった気がしますけど。

**佐藤**　中立国ですよね。一九三九年にソ連の侵攻を受けた「冬戦争[※2]」で負け、講和条約を結ん

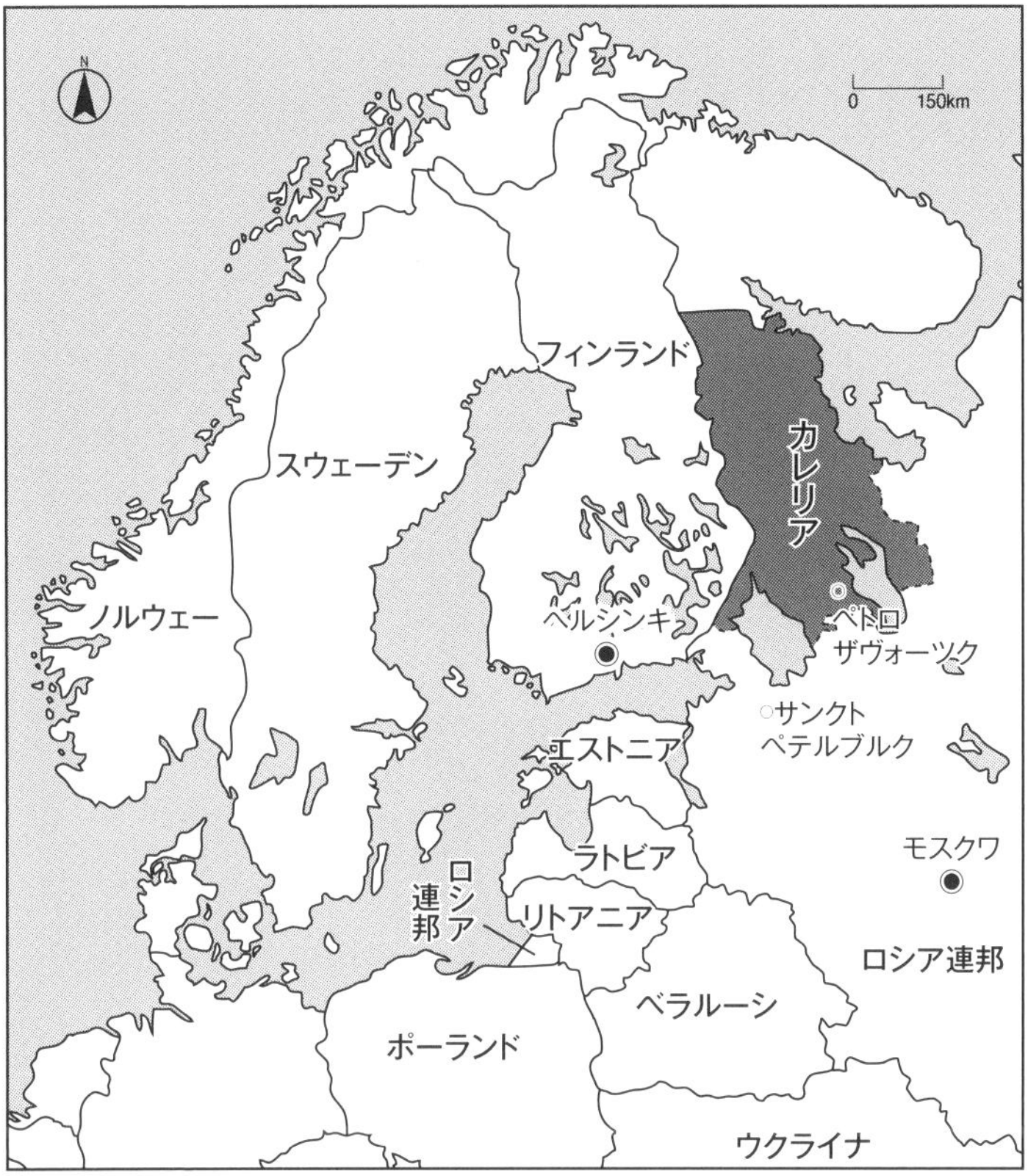


ロシア・カレリア共和国と周辺の国々

でカレリア地方などを割譲するんです。しかし一九四四年までソ連と戦争は継続する。その意味では枢軸側に近かった。

**池上**　状況としては日本と一緒だったわけですね。

**佐藤**　考えてみれば、ノルウェーも第二次世界大戦では枢軸側ですもんね。ルター派牧師のクヴィスリング[※1]が、ナチスに協力して首相になった。

## ロシアは屁理屈で世界と渡り合う

**佐藤**　で、そのカレロ＝フィン共和国ですが、見方を変えればソ連がそういう国を強引に作ったということです。ソ連は国際法の濫用者ですからね、無法者じゃなくて。理屈をちょっと緩めにしているんですよ。このあたりがソ連・ロシアの面白さです。彼らはどんな屁理屈でも考えてきますからね。

**池上**　それはなぜですかね。どうして屁理屈が上手なのか。きっと相当屈折しているんでしょうね。

**佐藤**　屈折しています。それには歴史的経緯も関係していると思うんです。

西側のキリスト教の特徴は何かというと、まずユダヤ一神教のヘブライズム[※2]ですよね。それからギリシャ古典哲学の伝統であるヘレニズム[※3]、ローマ法の伝統であるラティニズム[※4]がある。

一方、ロシアやビザンツ（東ローマ帝国）には三番目のラティニズムの伝統がありません。そうすると議論といっても法的・公的な積み重ねの上に行われるのではなく、ギリシャ哲学的な議論になるんです。だから理屈も、独自の発展を遂げてきたわけです。いくら「法で決まっているから」といっても、もう少しメタな議論をしようという話になる。

ロシア人も理屈っぽいですが、ギリシャ人も理屈っぽいでしょ。彼らは相通じているんです、ギリシャのディベートの伝統で。

**池上**　なるほど。

**佐藤**　本来、法というのはディベートを止めることができるんです。「法でこう決まっている

※1（92頁）　枢軸国・連合国　枢軸国側は、日独伊を中心に、ドイツの影響下にあったハンガリー、ルーマニア、ブルガリアなど。一方の連合国側は、米英ソ中が中心。一九四二年の「連合国共同宣言」には二六ヵ国が署名。
※2（92頁）　冬戦争　フィンランド軍は三倍のソ連軍を相手に善戦し、三ヵ月半後に講和条約を締結。その後、独ソ戦の開始にともない、あらためてソ連に宣戦布告。これを「継続戦争」という。
※1　クヴィスリング、ヴィドクン　一八八七〜一九四五年。ノルウェーの政治家。一九四〇年のナチスによるノルウェー侵攻に協力し、傀儡政権の首相に就任。一九四五年、ナチスの降伏とともに連合国軍に逮捕され、銃殺刑に処せられた。
※2　ヘブライズム　ヘブライ人（ユダヤ人）が形成した、旧約聖書・新約聖書に基づく思想体系。ヘレニズムと並び、欧州思想・文化の源流とされている。
※3　ヘレニズム　古代ギリシャ人の自称「ヘレネス」に由来する、ギリシャ風の思想・文化を指す。特にアレクサンドロス大王の東方遠征以降、ギリシャ文化とオリエント文化の融合により形成された。
※4　ラティニズム　六世紀、東ローマ皇帝ユスティニアヌス帝が、それまでの一〇〇〇年以上にのぼるローマ法の歴史を『ローマ法大全』として集大成。これが、その後の欧州各国の法制度に影響を及ぼした。

から」と。ところがギリシャ人やロシア人だと、「それがなんだ」となる。たぶんそのあたりが理屈っぽさの原因だと思いますね。

　だからロシアについて語るには、東西ローマ帝国に分かれるあたりから考えないといけないということです。

　それからロシアはユーラシア地域に属するわけですが、ここは正教スラヴ的な世界ではなく、ペルシャ・イスラム的な世界も、トルコ・イスラム的な世界も、モンゴル・仏教的な世界も、さらにシベリア土着のアニミズムな世界もある。これらがすべて合わさっているという、不思議な国なんです。

# 素顔のロシア人とは

## 大ヒットドラマ「月の裏側」が映し出すロシア国民の意識

**佐藤**　国営テレビの「ロシアテレビ」が二〇一二年に作った「アブラートナヤ・ストラナ・ルヌィ」という連続ドラマがあります。これは「月の裏側」という意味ですが、当時大ヒットしたんです。

そもそも月の裏側というと、ロシアの人には特別な思いがあります。初めて観測したのはソ連ですからね。だからその地形には、「モスクワの海」とか「ツィオルコフスキー」とか、ロシアの名前が付けられているんです。

**池上**　そういえばそうだ。

**佐藤**　だいたい月は自転と公転がほぼ同じ周期なので、その裏側が地球からは見えないんですよね。

**池上**　そう。だから昔から都市伝説がありました。月の裏側には宇宙人の秘密基地があるとか（笑）。

**佐藤**　でも「月の裏側」というのは、実に言い得て妙な感じがしませんか。我々から見てソ連体制というのは、ずっと月の裏側だったんですよ。いろいろなプロパガンダやニュースは見ることができましたが、それはあくまでも彼らの月の表側の話で。

**池上**　なるほどねえ。

**佐藤**　で、テレビドラマの「月の裏側」というのは、二〇一一年のモスクワが舞台なんです。連続女性殺人事件をモスクワ警察の一人の刑事が捜査するのですが、いよいよ犯人を追い詰めたとき、復活大聖堂の前で自動車にはねられるんです。

　復活大聖堂というのは、救世主ハリストス大聖堂のことです。もともとは帝政ロシア時代に建てられたのですが、スターリン政権下で破壊された後は市営プールになっていたんです。しかしソ連崩壊後、二〇〇〇年になってようやく再建されました。で、この刑事がふと気づくと、目の前には復活大聖堂ではなくプールがあった。彼は一九七九年にタイムスリップしていたんです。

**池上**　ああ、なるほど。

**佐藤**　彼はその時代でも刑事として犯人を追いかけるわけですが、一九七九年といえばソ連のブレジネフ時代です。その当時と今との対比が評判になって、大ヒットしたんです。

　このドラマは、彼がようやく二〇一一年に戻ったところで終了します。しかし大ヒットを受けて、二〇一六年に続編が作られました。こちらは、前作の彼のちょっとした行動が原因で、現代でもまだソ連が続いているという設定です。

**池上**　タイムスリップ先で歴史を変えてしまったと（笑）。

**佐藤**　そう。では現代のソ連はどういう国かというと、クルマはいずれもボロボロな上に、ほとんど走っていない。携帯電話もあるにはあるが、弁当箱ぐらい大きい（笑）。しかも九ボルトの電池を五個入れないと動かない。そこで店に買いに行くと、さんざん並ばされた上に、三個しか売ってくれない。仕方なくもう一度並ぼうとすると、今度は市民から排除される。「この店では二回並んではいけない」というルールがあったんです。

**池上**　それは面白いなあ（笑）。

**佐藤**　もっと面白いのは、今、実際に教会が建っている場所には、宇宙博物館が建っているんです。そこには「火星はわがもの」というスローガンも登場する。宇宙戦争ではソ連が圧勝し、火星に到達しているという設定なんです。

それから現金はほとんど流通しなくなっています。「ズベルカルタ」という貯蓄銀行が発行する貯蓄カードでお金のやりとりをする。つまり、お金の流れはすべて中央管理でわかるようになっているわけです。

**池上**　なるほど（笑）。

**佐藤**　この続編も、最初のうちは評判がよかったんです。ところが、ペレストロイカがなく、ソ連共産党の書記長に対する個人崇拝が行われ、ＫＧＢがきわめて強い権力を持つといった状況が描かれると、視聴率は急降下した。
このドラマの監督が語ったところによると、「この国にはまだディストピア（ユートピアの反対語）をドラマで描くほどの余裕がない」と。架空のソ連とはいえ、現実のロシアと重なり合う部分が多かったので、国民はそれを見たくないし、知りたくないんです。

**池上**　面白いなあ。

**佐藤**　しかし、こういうドラマの作り手がいるということは、体制に完全に糾合されているわけでもないんですよね。彼らはソ連体制の郷愁を呼ぶようなドラマを作りながら、実は今もソ連とあまり変わっていないじゃないか、あるいはもう少し進むとこうなるんじゃないかという批判を込めた。国営テレビの中に、そんな遊び心があるんです。

## 今のロシア人にとってソ連時代とは

**池上**　では今のロシア人にとって、ソ連時代はやはり「忘れたい過去」なのかな。ロシアの観光地に行くと、レーニンやスターリンの銅像のレプリカやTシャツを売っていて、これが人気なのですが。

**佐藤**　ソ連時代を知っているロシア人は、みんな「ソ連時代はよかった」って言いますよ。でもソ連時代が本当によかったのか、あのころ自分たちが若かったからよく思えるのか、そのへんはよくわからない。

**池上**　(笑)。

**佐藤**　ソ連崩壊のころに一緒に遊び歩いていたロシア人に会うと、たいてい「あのころはよかったなあ」って言います。「お前、いつも文句ばっかり言ってたじゃないか、この社会はひどいって」と返すと、「そう言われればそうだな。あのころは若かったからよかったのかな」って。

**池上**　なんか身につまされるなあ。

**佐藤**　でも崩壊後の混乱期というのは、たしかに毎日がエキサイティングでした。あの時代が面白かったなという感覚は、私もすごくありますよ。

**池上**　それは若かったから(笑)。

**佐藤**　若かったから(笑)。それに当時はクレムリンに自由に出入りできて、エリツィンの補佐官なんかと日常的に飯を食ったりできた。ロシアのいろんな面を見ることができたんです。それはまさに混乱期だったからですよね。

もしもっと前に赴任して、例えばチェルネンコ[※1]やアンドロポフ[※2]の時代だったとしたら、大使館の三等書記官や二等書記官レベルでクレムリンなんかアクセスできないですからね。また現在のモスクワでもできないと思う。

だから私にとっては、ある意味で青春を二回経験できたようなものです。一回目は同志社大学神学部時代、そして二回目はモスクワにいる時代。外務省の研修で、二七歳でモスクワ大学に入ったんです。

ちなみにロシアの大学は日本と構成がちょっと違います。就職後や軍隊に行った後から大学に入る人たちがけっこういる。つまり学生の年齢幅が広いんです。アメリカもそうですけどね。だから私と同じく二七歳くらいの学生も多かったんですよ。

## ビジネスにはシビアだが、助け合いの精神も強い

**池上**　ビジネス面ではどうですか？　日本企業がロシアに進出して苦労しているという話はいろいろ聞きますが。

**佐藤**　騙されたとかね。でも騙されるのは、儲かるようになってから。彼らは儲けた人から、吸い取り紙のように吸い取っていくわけです。

逆に言うと、儲けていない人にはたいへん親切でもある。例えばロシアに貧乏旅行で行った人にとって、ロシアのイメージはソ連時代からずっと悪くないんです。シベリア鉄道の中で食事を分けてもらったり、自宅に案内されてごちそうになったりした人も多いはずです。

つまりロシア人は、自分より厳しそうな状況にいる人に施しをすることに、まったく躊躇が

ない。もちろん見返りも求めません。強大な帝国の中では、助け合わないと生きていけない。そういう意識が刷り込まれているんです。

**池上**　つまり、ロシア帝国がソ連になり、それが崩壊して帝国ではないロシア連邦が生まれたように思われがちですが、そうではないと。昔も今もずっと帝国のままなんですね。

**佐藤**　そうですね。だけどロシア人はビジネスにはシビアですよ。日本の商社員がよく言っていましたが、一緒に大酒を飲み、肝胆相照らすような仲になって語ったり歌ったりしても、翌日の商談ではすごく厳しい条件を突きつけられたりしたそうです。この切り替えも、日本人にはなかなか理解できない。

**池上**　（笑）。

**佐藤**　それから理解しにくいといえば、マフィアもそう。ソ連の崩壊前後の話ですが、彼らの制服はアディダスのトレーナーにナイキのスニーカーでした。そのスタイルがマフィアのシンボルマークだったんです。

**池上**　それはなぜ？

※1（101頁）　チェルネンコ、コンスタンチン　一九一一～一九八五年。一九八四年にアンドロポフの死によりソ連共産党書記長に就任するものの、一年後に病死。
※2（101頁）　アンドロポフ、ユーリー　一九一四～一九八四年。KGB議長を一五年務めた後、一九八二年よりブレジネフの後を継いでソ連共産党書記長に就任。

**佐藤**　当時、値段が高いし運動しやすいから。喧嘩しやすいでしょ。でも彼らは、誰に対しても強面《こわもて》だったわけではない。例えば日本の商社員や外交官が子どもを連れて歩いていると、ニコニコしながら近づいてきて、「坊や、いくつだ?」とか話しかけてくるんですよ。

あるいは、雪の中で溝にはまって立ち往生しているクルマを見かけると、真っ先に「押してやるよ」とか言いながら近づいてくる。見かけはいかついのに、意外に親切。この何とも言えない雰囲気に日本人が慣れるのは大変だよね。

**池上**　日本のヤクザとはちょっと違いますね。なかなか懐が深い。

**佐藤**　それはやはり、基本的に寒いからでしょう。寒いから、助け合わないと生きていけない。だから相互依存の感覚がすごく強いんです。たとえ見知らぬ人でも、助けるのが当たり前の社会なんですね。

## 遊び心がある

**佐藤**　ついでに言うと、「ストリーチナヤ」という銘柄のウオトカがあるんです。これは「首都の（ウオトカ）」という意味なんですが、そのラベルには旧モスクワホテルが描かれている。実はその建物が面白くて、左右が非対称なんですよ。

**池上**　ほう、珍しいじゃないですか。

**佐藤**　これには理由がある。スターリンが二種類の設計図にサインしちゃって、しかも誰もどちらが正しいのか聞けない。そこで右と左からそれぞれの設計図で建てて、中央で辻褄を合わせたわけです。

**池上**　スターリン風建築物といったところですね（笑）。

**佐藤**　そう。その建物をあえてウオトカのラベルにデザインして、「首都の」と名付けるセンスが面白いでしょう。ロシア人はそういう遊び心・イタズラ心がすごくあるんですよ。

**池上**　それだけ民度が高いともいえますね（笑）。

**佐藤**　あるいはソ連時代には「ピオネール」という共産党の少年団があったんです。その一員であることを示すバッジに描かれていたのが、パブリック・マロゾフという少年です。彼は自分の父親が穀物を隠していることを秘密警察に密告し、農民たちに「親を売るとは何事だ」と激怒され、袋叩きになって殺されるん

人気のウオトカ「ストリーチナヤ」のラベル

です。しかし共産党は、親よりも共産党への忠誠を優先したこの少年を称え、英雄に仕立て上げてバッジにまでするわけです。

しかしソ連時代から、ロシア人にとって「パブリック・マローゾフみたいなヤツ」というのは、「自分の出世のために親も売る最低のヤツ」という蔑みの表現だったんです。

**池上** そりゃそうだ。

**佐藤** しかしソ連時代の子どもの九九％はピオネールに所属して、このバッジを付けていた。そこで子どもは社会の二重構造を学ぶわけです。おかげでリテラシーがすごく高くなる。

**池上** （笑）。

## 権力構造に粗密がある

**佐藤** ロシアというのは、権力者による不作為の使い方がうまいんです。例えばここに穴が開いているとして、それをある人には教えて、別のある人には教えない。そういう形で権力を使うんです。

それから権力に粗密がある。ウラジオストクとモスクワでは、ゲームのルールがまったく違うんです。ウラジオストクとサハリンも違う。サハリンと北方領土も違う。単一の支配体制じゃないんですよ。帝国なので均質な情報空間、均質な法秩序空間を作れない。これが日本人の皮膚感覚としてなかなか理解できないところです。

**池上**　ですよね。東アジア各国の場合はものすごく緻密なので。例えば北朝鮮にしても、統治組織がしっかりしていますよね。その点、ロシアは我々から見ると杜撰な感じがします。

**佐藤**　そうですね。非常に隙がある。しかし、ここぞという場面では一気に集中して団結するんです。

私がよく象徴的に言うことですが、ロシア人は「この机の上に毎日一キロずつ分銅を載せろ」と指示されても絶対にできない。日本人なら得意ですよね。ところが大みそかに一〇〇キロの分銅を四つ載せることはできる。そうすると一年トータルでは、日本人が三六五キロ載せるのに対し、ロシア人は四〇〇キロ載せることができる。この感覚を日本人が理解できるかどうか。

だから連中を本気にさせたらダメなんですよ。三六四日目まで怠けていても、最後の一日で全部片付けてしまうくらいの力は十分にあります。

パブリック・マローゾフ少年の肖像画

ロシアがもっとわかるキーワード②

# 「モンゴル＝タタールのくびき」

「くびき」とは本来、家畜の牛馬の頸にかける横木を指す。荷車を繋いで牽引させるための道具だ。ここから転じて、人の自由を奪うものという意味でも使われる。

一三世紀半ば、モンゴル帝国のタタール人（遊牧騎馬民族の総称）は、騎馬の武力を背景として東西に領土を一気に拡大。西方では現在のロシア、ウクライナ、ベラルーシに存在したキエフ公国を滅ぼし、キプチャク・ハン国を設立した。

以後、モスクワ大公国が台頭する一五世紀末までの約二五〇年にわたり、ロシアはモンゴル帝国の支配下に置かれることになる。実質的な統治は各地の諸侯に委ねられ、宗教などの改変を迫られることもなかったが、諸侯はキプチャク・ハン国に納税する形で服従を強いられた。ロシアにとって屈辱の歴史であることから、これを「モンゴル＝タタールのくびき」と呼んでいる。

この教訓として、ロシアは伝統的に国境を信用せず、国防のためにはその外側にバッファー（緩衝）地帯が必要と考えるようになったのである。

# 2章

# 「ソビエト連邦」の遺産
## ——その功と罪

# ロシア革命はなぜ成功したのか

## ソ連という巨大な実験の失敗が総括されていない

**池上**　二〇一七年は『資本論』が世に出てちょうど一五〇年目、ロシア革命から一〇〇年目でした。また二〇一八年はマルクス生誕二〇〇年目でもありました。マルクスは四九歳で『資本論』を書き上げ、その影響を受けておおよそ五〇年後にロシア革命が起きたことになる。ついでにいえば、二〇一八年は日本の明治維新から一五〇年目でもありました。

しかしソ連とは何だったのか、未だに総括されていない気がしますね。

**佐藤**　そう。これはかつて日本共産党に在籍していた筆坂秀世《ふでさかひでよ》さんに聞いた話ですが、ソ連の崩壊時、宮本顕治から「我が党は崩壊に対し、もろ手を挙げて賛成する立場をとる」の指示があったそうです。だから現場ではソ連崩壊について一切語るなと。「その代わり君たちそれぞれが、なぜ共産党員になったか、生活に根ざした物語を語ればいい」と。祖父が戦争に行ったとか、あるいは労働現場でひどい待遇を受けたとかね。日本共産党は、それでソ連崩壊を切り抜けたんです。

**池上**　当時、すごくびっくりしたのは、ソ連共産党が解体した翌日の「赤旗」の一面に、「（ソ連共産党の）終焉を歓迎する」という大見出しが載ったことですね。「えーっ？」って。

**佐藤**　その結果、七〇年も続いたソ連体制というものを、あたかも存在しなかったかのように扱ってしまった。当時、ゴルバチョフが最後までやろうとしていたのは、ソ連の改革です。つまり社会主義体制を生き残らせようとしていた。ところが、いつの間にか消滅して、そのまま今日に至っているわけです。結局、ソ連とは何だったのかを整理できていないんですよね。

今日のロシアを見ていると、ソ連がそのまま蘇っているように感じる部分もあります。しかし当然、違う部分もある。では両者の連続性と断絶性はどこにあるのか。そういったことを含めて、あの国を検証する必要があると思います。

ソ連という巨大な実験は失敗で終わったわけですが、しかし天才的な試みも多数行われた。例えば教育の無償化や社会福祉、女性の労働参加やジェンダー的な考えとか。今日では各国で当たり前のように議論されていますが、いずれもソ連なくしてあり得なかったんですよ。

それから、ソ連は全体主義の観点でしばしばナチスと同一視されますが、本質的に違うものだと思います。ナチスのような人種理論はソ連にはなかった。

でも「怖い」というイメージがあるのは、やはり国家主義の怖さだと思いますね。

**池上**　そうですよね。

**佐藤**　だから共産主義とか帝国主義とか一括りにするのではなく、中身をきれいに腑分けしてみる必要がある。そして、我々が望むと望まざるとにかかわらず、日本を含めた各国はロシアを先例とするかのように、同じ方向に進んでいるように見える。

米国ではトランプ大統領、中国では習近平国家主席、トルコではエルドアン大統領のように、独裁者型の指導者が国際政治のプレイヤーとして影響力を増しています。これは、国際社会が急速に変動していることと関係しているといえます。議会での慎重な審議をしていると時間がかかってしまい、国家として適時な反応ができません。これに対応するために、各国で行政権が優越しつつあります。プーチン大統領に権力が集中していることも、日本で安倍首相が六年以上にわたって権力を維持しているのも、このような国際社会との文脈で捉えるべきです。それはなぜなのかも冷静に考える必要がありますね。

## ロシア革命、ソ連崩壊は必然か偶然か

**池上**　では、まずロシア革命から振り返ってみましょう。よく言われることですが、そもそもマルクスが考えていた社会主義革命・共産主義革命というのは、資本主義が発展した国において労働者の団結力が高まって起きるというものでした。つまり当時でいえばドイツで起きることを想定していたわけです。ところが現実には、ドイツではなくロシアで起き、さらに中国で起きてしまった。非常に不思議な構造になっていったわけですよね。

**佐藤**　そのあたりは立場によって見方が分かれますね。ロシア革命が必然だったのか偶然だっ

たのか。ソ連崩壊が必然だったのか偶然だったのか。スターリン主義的なマルクス主義観に立つ人は、ロシア革命が必然でソ連崩壊が偶然だったという見方をします。一方で反共主義者は、ロシア革命が偶然でソ連崩壊は必然だったと見る。そこはだいたい聞くとわかりますよね。

**池上**　わかりやすい（笑）。

あるいは歴史に「もしも」はないのですが、もしロシア革命が一九〇五年で終わっていたら、その後のロシアはどうなっていたんだろう。これはちょっと思考実験として面白いと思うのですが。

**佐藤**　十分あり得ましたよね。一九〇五年の革命で主導権を握ったのは、カデット※（立憲民主党）です。これは、名称としては日本の立憲民主党と一緒ですね。

**池上**　そうすると、そのままで一九一七年の革命が起きなければ、ひょっとすると緩やかな立憲君主制の国家になっていた可能性が？

**佐藤**　可能性はあったでしょうね。ドイツ軍がスイスから封印列車でレーニンをサンクトペテルブルクに送らなければ、歴史は違ったかもしれないですね。

**池上**　（笑）。

※　カデット　一九〇五年にブルジョアジーや地主、自由業者などで結成された自由主義政党。同年の第一次ロシア革命後には第一党に躍進したが、一九一七年の第二次ロシア革命で後退。

**佐藤**　ロシア革命に関して、意外に説得力があるのがクルツィオ・マラパルテ[※1]の見方だと思うんです。彼はムッソリーニ[※2]の初期のブレーンで、途中で追放されるのですが、『クーデターの技術』という本を書いているんです。これは日本では戦前に改造社から出て大ベストセラーになり、最近は中公選書で復刻版が出ています。

それによると、ロシア革命は大規模な革命ではなくクーデターだったと。なぜ成功したのかといえば、革命のテクノロジーを持っていたからだというんです。技術力のあるテクノクラートを味方につけ、水道や電気といった主要インフラを制圧して建物を占拠させた。それによってうまくいったという見立てです。彼によれば、革命はすべて技術論に還元できると。しかもその技術を持っていたのは、レーニンではなくトロツキー[※3]だった。

実は、同じく技術を持っていたのがムッソリーニだった。だからロシア革命とイタリアのファシストの革命というのは、構造が似ていると。いずれも技術の問題として捉えるべきだと説くわけです。これは意外と正しいかもしれません。

**池上**　なるほどねえ。私より上の団塊世代にとって、一九一七年のロシア革命というと世界を画する歴史的な大事件というイメージがあると思うんです。本当の革命が起きたと、ここからすばらしい歴史が始まったと。たしかに大事件ではありましたが、今から冷静に振り返ってみると、本当に革命だったのか、実はクーデターじゃなかったのか、という気もしてきますね。

## レーニンはスピーチの天才だった

**佐藤**　それからもう一つ。ロシア革命が成功した背景にあるのは、レーニンの天才的な言語感覚ですね。当時は拡声器がまだ世に発達してないので、アジテーションでは声の通りのいいことが大前提。加えてワーディングです。例えば「ソビエト（ソヴィエト）」とは「評議会」とか「議会」とか、もしくは「助言」という意味なんですが、「スヴィエト」というと「光り輝く」という意味になる。あるいは「ソーヴェスチ」というと「良心」という意味なんです。だから「ソビエト政権」というと、なんとなくいいイメージになるんですよね。

**池上**　イメージづくりに長けていたと。それから自分たちは少数派のくせに、「ボリシェビキ（多数派）」って名乗るんですよね。

**佐藤**　そう。これも「ボリシェ」という発音が入ることによって、例えば「チュッチ・チュッチ、ボーリシェ〈ウオトカを〉もうちょっと注いでくれる?」のような親しみやすい語感になる。

※1　マラパルテ、クルツィオ　一八九八〜一九五七年。イタリアの作家・ジャーナリスト。第二次世界大戦中は激戦地を取材し、反ファシズムのレジスタンスにも参加。
※2　ムッソリーニ、ベニート　一八八三〜一九四五年。一九二一年に国家ファシスト党を結成し、翌二二年に政権を奪取して独裁体制を築く。しかし四三年、第二次世界大戦の劣勢の中で失脚。四五年にパルチザンに捕らえられて処刑された。
※3　トロツキー、レフ　一八七九〜一九四〇年。レーニンとともに第二次ロシア革命（十月革命）を指導。しかしレーニンの死後、主唱した「永久革命論」はスターリンの「一国社会主義」と対立して追放・暗殺された。

逆に「メンシェビキ（少数派）」というと、「メンシェ」には「ちょっと少なく」という意味があるので、ごまかされたり騙されたりするイメージがあるんです。

こういう言葉の使い方がレーニンは天才的にうまかった。それは小泉純一郎さんと相通じるところがありますね。

**池上**　ワンフレーズ・ポリティクスですか（笑）。

**佐藤**　そうです。レーニンが革命前に書いた『なにをなすべきか？』という本がありますね。日本では「外部注入論」[※1]の観点で注目されましたが、同書で彼はアジテーションとプロパガンダを分けています。プロパガンダというのは、もっぱら為政者や知識人に対する文書による宣伝であり、そこにおいては論理性が重視される他方、アジテーションというのは感情に訴えることだと。

だから社会民主主義者（共産主義者）としては無神論をとるわけですが、アジテーションにおいては「社会民主主義こそが我々にとって神である」という言い方をしてもかまわないと説いているんです。ある種の愚民視ですよね。

## ロシア革命の手本はフランス革命？

**佐藤**　ついでに言うと、私見ですが、レーニンはフランス革命の反復としてロシア革命をやろうとしたと思うんです。歴史の先例を鋳型《いがた》にしようと。だから二月革命がジロンド[※2]革命で、十月革命がジャコバン革命[※3]。さらにテルミドール[※4]のクーデター的な動きがあって、結局ロシアでもスターリンが出てきた。

**池上**　革命の結果を見てスターリンが出てきちゃったんだ。

**佐藤**　つまりレーニンは更地の状態から革命を起こそうと思ったのではなく、先例を見ていた。それはフランス革命だったと思うんですよ。その意味では、ロシア革命とフランス革命というのはパラレルな動きをしていると思います。ナポレオンが出てくる必然性があったということは、スターリンが出てくる必然性もあったということなんです。

**池上**　ということでしょうね。だから革命というのは、起きればかならず行き過ぎる。フランス革命もロシア革命も、もし途中で終わっていれば、その後ですごくいい国ができていたかも

※1　外部注入論　プロレタリアは、外部にいる共産主義者からの働きかけによって社会主義意識を獲得するという考え方。したがって共産党による政治闘争が必要と説く。
※2　ジロンド　フランス革命期の立法議会・国民公会の党派。ジロンド県出身の議員が多かったことから名がついた。銀行家や商人の利益を代表する穏健なブルジョア共和派。ジャコバン派と対立した。
※3　ジャコバン　フランス革命期の最大の急進的政治党派。パリのジャコバン修道院を本部としたことから名がついた。ジロンド派と対立しダントン、マラー、ロベスピエールらを中心に一七九三年から恐怖政治を敷いた。
※4　テルミドール　フランス革命暦の第一一月（熱月）のこと。一七九四年七月二七日（テルミドール九日）、独裁革命政府を率いていたロベスピエール派がクーデターによって打倒され、革命の急進化が終結した。以後革命は沈静化し、反動期に入った。

しれない。しかし、やっぱり最終的に行き過ぎてしまった。フランス革命では大量の人がギロチン台に送られ、ロシア革命では大量の反対派が粛清された。メキシコまで逃げたトロツキーに対しても、暗殺者を送り込んで殺しましたよね。

**佐藤**　安倍政権の「人づくり革命」は大丈夫ですかね。

**池上**　（笑）。

**佐藤**　行き過ぎて変な人間がたくさんできるんじゃ？

**池上**　真の保守主義者は、「革命」なんて言葉を使っちゃいけないですよね。

**佐藤**　でも革命が起きるから天皇の禅譲が起きるわけでしょ。上皇になるというのは禅譲ですからね、やっぱり革命は起きているんですよ。革命が起きるということは、天命が改まるということです。天皇としてそれを認めたから禅譲したわけで、そうでなければ放伐で内乱が起きていたかもしれない。つまり、テキストどおりの革命が一応は起きていたということです。

今、皇室で起きていることも実は革命なんですよね。易姓革命ではなく、同じ王朝内で起きている日本型の革命ですが。つまり、安倍政権が訴える「革命」とはパラレルの関係にあるわけです。このことに気づいている人は多くないと思いますけどね。

# ソ連が世界にもたらしたもの

## ソ連が西側に「国家独占資本主義」を生み出した

**池上**　ソ連の台頭は、世界に東西冷戦構造という緊張をもたらしましたが、それゆえに政策や科学技術で世界をリードした部分もありますよね。功罪という意味では、「功」もあったのではないですか？

**佐藤**　ソ連の功というと、まず西側の世界において、ソ連をいい社会と誤認させたことにより、社会福祉政策や労働政策が充実したことですよね。革命を防止するという観点から、西側はそうせざるを得なかった。これが最大の功績でしょう。

**池上**　それは明らかですね。日本も、長く政権を担ってきた自由民主党は、国際標準でいえば明らかに社会民主主義的な政策をとってきました。

例えば一九九〇年代半ば、日本航空が客室乗務員を契約社員に切り替えようとしたら、当時の亀井静香運輸大臣が待ったをかけた。契約社員では安全性を確保できないというのが、その理由です。しかし資本主義の論理でいえば、コストカットだからプラスのはずなんです。それを政府がダメと言ってしまうのはすごいですよね。

あるいはその一〇年ほど前、日航ジャンボ機墜落事故を受けて同社副会長になったカネボウの伊藤淳二さんは、共産党系の労働組合と手を握って体制を立て直そうとした。このあたりは、まさに山崎豊子さんの『沈まぬ太陽』[※1]の話ですよ。

日本に限らず、世界中でとにかく社会主義革命をおそれ、できるだけ労働者に歩み寄るような政策を打ち出す風潮がありましたよね。

**佐藤** そんな「ソ連神話」が保たれたのは、あの国が国境を固く閉ざしていたから。そして外国人向けの宣伝のために、「ポチョムキン村」を作り上げたからです。ロシア帝国の軍人ポチョムキンが、女帝エカテリーナ二世の行幸のためだけに偽装村をでっち上げたように、外国人に理想的な村の姿を見せた。模範的なコルホーズを見せ、模範的なサナトリウムを見せ、それこそ楽園じゃないかと思わせたわけです。

西側は、それを見てソ連に恐怖を感じた。社会主義革命を起こしてこういう豊かな村を作ろうという気運が高まってもらっては困ると。だから資本主義体制を残すという観点で国家が介入し、資本家もそれを了解するという仕組みができてきたわけです。

**池上** それがいわゆる国家独占資本主義[※2]と。

**佐藤** そう。今では死語になっていますが、これが重要だったんです。

それにもう少し遡ると、日本は一九三八年から国家総動員体制[※3]をとってさまざまなシステムを作りますね。あれも明らかにソ連の影響です。例えば関東軍参謀長の秦彦三郎《はたひこさぶろう》[※4]は、陸軍省の新聞班長だった時代に『隣邦ロシア』という本を書いている。これはすごくいい本で、日本の一つの理想モデルとしてソ連を挙げているんです。つまり陸軍の統制派の中には、ソ連というのは共産主義というマイナスさえ目を瞑《つぶ》れば、わが国において手本になるという発想があったわけです。

**池上**　さらに戦後の日本でも、バブルのころまで何度も「五ヵ年経済計画」が実施されました。ふつう、資本主義国でこんな計画はあり得ない。ソ連が「五ヵ年計画」[※5]をやって急激に経済成長したので、日本もそれを見習ったわけですよね。

## 医療や宇宙開発でも世界をリード

**佐藤**　あるいは今では忘れ去られていますが、医学への貢献。例えばポリオに対して、アメリ

※1　『沈まぬ太陽』　「国民航空」の労働組合委員長を主人公として、巨大組織の内幕を描く長編小説。「アフリカ篇」「御巣鷹山篇」「会長室篇」の三篇からなる。
※2　国家独占資本主義　資本主義の発展の帰結として登場する少数の独占資本が、国家権力と結びついて存続を図ること。その余剰資金の投下先として植民地政策を選択するのが帝国主義。
※3　国家総動員体制　日中戦争の拡大にともない、国内のあらゆる人的・物的資源を統制・運用する権限を国家に委ねた体制。これにより、工場への徴用、物価統制、言論統制など、国民生活は大幅に制限された。
※4　秦彦三郎　一八九〇～一九五九年。東欧各国で駐在武官を歴任後、陸軍新聞班長を経て三八年より関東軍に。戦後は一〇年以上にわたってシベリアに抑留されていた。
※5　五ヵ年計画　第一次は、一九二八年にスターリンの指導により実施。鉄鋼・石炭など重工業の発展と農村の集団化が柱。以降、五ヵ年計画は第六次まで実施された。

カの乾燥ワクチンはほとんど効かなかった。しかしソ連が作った生ワクチンは効いた。当時の東西冷戦体制の中で、もともと日本は生ワクチンの輸入を認めていませんでした。それで大変な抗議活動が起きて、最終的に認めることになったんですよね。

**池上**　当時はＮＨＫの社会部に上田哲がいて、ＮＨＫを挙げてソ連の生ワクチンを入れるべきだという一大キャンペーンを張った。それで日本はポリオの流行を止めることができたんですよね。彼は後に日放労（日本放送労働組合）の委員長になり、さらに社会党の国会議員になりますが。

**佐藤**　他では、科学技術の発展におけるロシアのインパクトですよね。宇宙開発競争にしても、スプートニクをはじめとしてソ連が先行した。それがなければ、アメリカもあそこまで宇宙開発に集中的に金を投じることはなかった。

**池上**　ですよね。今の人にはわからないでしょうが、一九五七年の「スプートニク・ショック」[※1]というのは、当時のアメリカや日本にものすごい衝撃を与えたんです。ソ連に負けたと。

この一件から、日本ではとにかく理科教育に力を入れなければいけないとなって、詰め込み教育が始まるんです。これは私が小学生のころの話です。私は「スプートニク・チルドレン」です。またアメリカも慌てて宇宙開発に力を入れたのですが、有人宇宙飛行でもソ連のガガーリン[※2]に先を越されて負けた。あれはダブルショックでしたね。

**佐藤**　だからソ連というのは、謎の国でもありましたが、社会福祉や医療においても、科学技術においても、少なくとも一九七〇年代初頭まではものすごく進んだ国だった。それによってソ連神話も生まれていたわけです。

## 「宇宙飛行」とはロシア人の発想

**池上**　宇宙開発については、今でもロシアがリードしていますよね。アメリカはスペースシャトル計画を止めちゃいましたから。日本の宇宙飛行士も、今はロシアの宇宙船ソユーズで行くしかない。

**佐藤**　宇宙ステーションに安定的に人や物を運べるのは、ロシアだけですからね。さしものアメリカも、宇宙だけは対露制裁の対象外にしているほどです。

スプートニクの打ち上げを記念して発行された切手。「1957年10月4日　世界初のソビエトの人工衛星」と印字されている。

※1　スプートニク・ショック　一九五七年、ソ連は人類初の人工衛星「スプートニク1号」の打ち上げに成功。翌年、アメリカは航空宇宙局（NASA）を設立し、人工衛星「エクスプローラー1号」の打ち上げに成功。

※2　ガガーリン、ユーリー　一九三四〜一九六八年。一九六一年、宇宙船「ボストーク1号」で人類初の有人宇宙飛行を達成。「地球は青かった」「神はいなかった」の名言を残す。

だから私は、外務省や官邸の連中と話をする機会があると、日露で宇宙協力をすればいいと言っているんです。新薬を宇宙ステーションで作るとか。

だいたい、秋山豊寛さんがソ連の宇宙船ソユーズに乗って日本人として初めて宇宙に飛び立ったのは一九九〇年一二月。国家が大混乱する中、胴体にTBSやSONYやユニチャームなどのロゴを貼り付けてでも打ち上げたわけで、技術的な優位性はもう圧倒的です。

**池上**　(笑)。

**佐藤**　しかし、とにかく選択と集中で必要と判断したものは徹底的に生き残らせるという姿勢も、我々は学ばないといけないと思いますね。

そもそも「宇宙飛行船」というのはロシア人の発想です。二〇世紀初頭に「モスクワのソクラテス」と呼ばれたニコライ・フョードロフ[※1]という人物が、著書『共同事業の哲学』で万人を復活させることは技術的に可能と提唱した。しかしそうすると、アダムとイヴからたった今死んだ人間まで復活し、地球上の空気も土地も足りなくなる。ならば人類を惑星のどこかに移住させようと考えたわけです。宇宙のどこか、地球と環境の似た星があるはずだと。

この思想を受け継いだのが宇宙工学の先駆者であるコンスタンチン・ツィオルコフスキー[※2]であり、後にアメリカで宇宙開発を主導するフォン・ブラウン博士[※3]だったわけです。

だからソ連時代において、フョードロフは宇宙の部分だけで評価されていましたが、その根本には「人類の復活」という大テーマがあった。実は日本陸軍はそこに以前から注目していて、たしか一九四三年の段階で『共同事業の哲学』の抄訳を白水社が出版しているんです。意外と知られていませんが、ロシア人の独特の切り口には日本も高い関心を払っていたんですよ。

## 日露が協力して宇宙開発？

**池上**　国際宇宙ステーションの話でいえば、もうトランプが打ち切って、月への有人飛行にシフトしましたね。おかげで日本の国際宇宙ステーション計画も行き詰まってしまったわけです。はたして今後、計画を維持するのかどうか。維持するならロシアの助けが必要という話になりますよね。「アメリカ抜きでやろうぜ」と。

**佐藤**　月に本当に行けるかな。行けなかったら、（人類月面着陸を否定している）副島隆彦さんが喜んじゃうね。

**池上**　ですね（笑）。でも先ごろ、国際共同研究チームが月の地下に何キロにもわたる地下空

※1　フョードロフ、ニコライ　一八二八～一九〇三年。人間は自然を制御することで不死と復活が可能と説く。この一連の思想を「宇宙主義」といい、トルストイやドストエフスキーも影響を受けたといわれている。
※2　ツォルコフスキー、コンスタンチン　一八五七～一九三五年。ロケット工学の基礎を築き、人類が宇宙に行けることを証明。「スプートニク一号」の打ち上げは、ツィオルコフスキー生誕一〇〇年の記念行事でもあった。
※3　ブラウン、フォン　一九一二～一九七七年。ドイツ生まれで第二次世界大戦まではナチス党員であり、ミサイル開発に携わる。終戦後にアメリカへ亡命。アポロ計画などを主導して「アメリカ宇宙開発の父」と称される。

洞を発見したのでね。ここを将来、月基地にできる可能性が俄然出てきました。そもそも月面に基地を作るとすると、その最大の問題は宇宙からの放射線をモロに浴びてしまい、人間が生きていけないということでした。しかし地下なら放射線を遮ることができるので、人間が生きていけるんですよ。

これはもう画期的な発見でしたね。たまたま隕石か何かが月面に衝突して、そのまま地下空洞まで行き着いたんですけど。

**佐藤**　大気がないから、隕石が落ちたときの破壊力がストレートなわけですよね。

**池上**　そう。地下ではかつてマグマの活動があったのですが、そのマグマが移動して巨大な空洞ができた。そこにたまたま隕石が落ちて、人類が観察できるようになった。それからにわかに、月面に基地を作るならここがいいという話になったわけです。

**佐藤**　中国のほうが先に行くかもしれないですね。人為的な損失のリスクを考えないでいいから。

**池上**　（笑）。

**佐藤**　アメリカの場合、住んでみて失敗して死んじゃいましたとなると、国内世論的に持たないですからね。その点、中国なら「科学技術の発展のためにやむを得ない」くらいの理屈で押し通せるし、ロシアも同様ですからね。

**池上**　できますよね。これからの地球のことを考えると、重要なのは資源です。月は資源の宝庫だとされていますから。

**佐藤**　でもそうなると、国際法的に月の地位を決めないといけなくなります。今、アメリカのある業者が月の土地を売り出しているでしょ、国際法的な縛りがないから。

**池上**　以前、日本でも月か火星あたりの土地を勝手に売り出すという商売がありましたよね。

**佐藤**　今でもアメリカの月の土地販売会社は機能しています。たしか一万円程度から証書とともに買えるはずですよ。

**池上**　なるほど。どっちにしても我々はそこに行けませんけどね。

**佐藤**　いずれにせよ、宇宙に対する考え方だけでも、ロシアの異質性がわかると思います。我々とはまったく違うものを見ているわけです。先に話したドラマのタイトルではありませんが、やはり我々からすると、彼らは「月の裏側」なんですよ。

## ソ連の「罪」は意外に少ない

### 厳しい政治体制の中だからこそ芸術が生まれた

**池上**　一方、ソ連の功罪のうちの「罪」というと、何がありますかね。

**佐藤**　たしかに政治的な抑圧はありましたが、それは政治ゲームに入った人だけに適用されたわけです。それは程度の問題で、日本でも永田町や霞が関に近づかなければ、特捜部に捕まることはないですからね。

**池上**　たしかに（笑）。

**佐藤**　よくスターリン時代が異常だったといわれますが、では東条英機首相の時代とどれだけ違うのかと。スターリン時代のソ連は三〇〇〇万人の国民が死にましたが、東条時代の日本だって戦争で三〇〇万人の国民が死んでいますからね。結局、程度の問題なんです。

ただし、あの厳しい政治体制の中でも、思考は自由でした。むしろ政治体制で制約があるからこそ、検閲を意識して面白い研究ができたり、芸術が育ったりした側面もある。

**池上**　私は中学生時代にＳＦ少年だったんです。よく読んでいた「ＳＦマガジン」の中に、ポーランドの小説家スタニスワフ・レム※の作品があって。

その世界観は独特なんです。地球の未来は描かない。かならず遠い宇宙の果てを舞台にしていた。なぜなら、地球の未来は社会主義が勝利して理想社会が実現しているはずなので、それ以外の姿を描けない。そういう政治的制約から自由になるために、遠く離れた宇宙の話にしたわけです。なるほどと思ってね（笑）。

あるいは「アネクドート（政治風刺の小咄）」にしても、傑作がたくさんあるのは、それだけ抑圧があったからですよね。

**佐藤** そのとおりです。それと同時に、大量消費文明が入らなかったことも大きい。例えばロシア人は古典を中心によく本を読んでいます。スタニスワフ・レムなどもあっという間に売り切れる。それはポルノがなかったからですよ。ポルノ小説もないし、エロ雑誌もないし、裸の写真集もない。つまり他に楽しめるものがないから、小説を読むしかないわけです。

**池上** 結果的に非常に高尚な文化が育まれたと。

**佐藤** そう。だからなぜみんなバレエを観に行くのか。それはストリップ劇場がないから。

**池上** ということですよね（笑）。女性の身体のラインを、誰にも文句を言われずに凝視できるのはバレエぐらいですからね。

**佐藤** 制約の中から楽しいことが出てきて、それが文化の底上げにつながった。その意味では、

※ レム、スタニスワフ　一九二一～二〇〇六年。その作品群は四一の言語に翻訳され、累計発行部数は二七〇〇万部にのぼるといわれている。「ソラリスの陽のもとに」など、映画化された作品もある。

功と罪って表裏一体なんですよね。

## 刺激が少なく、社会は停滞

**佐藤**　ただ「罪」の部分でいえば、標準以下の人の労働意欲の低さですね。国際政治学者の袴《はかま》田茂樹《だしげき》さんが好きなフレーズを借りるなら、「人は働くフリをして、国家は賃金を払うフリをする」と。こういう感覚が蔓延していたので、社会に活力はなかった。

それから階級移動がほとんどなかった。労働者は労働者、農民は農民でいいという。その意味ではすごく停滞した社会でしたね。インテリにとっては、刺激が少ない社会だったということです。

それに何より、外に対して扉を閉ざしたことも大きな「罪」ですね。だからどれだけ進取の気性があっても、外国に行けない。また外国からの情報アクセスも制限されていたので、発展が制約された。

裏返すと、それゆえに資本主義に対するユーフォリアが出てきたわけです。だからソ連崩壊後、新自由主義をあっさり受け入れてしまった。それまで、ソ連では「労働力の商品化」や競争原理がある意味で廃絶されていました。それがどれほど怖いことなのか、私的雇用による搾取が社会にどういう影響をもたらすか、皮膚感覚でわからなかったんですよ。

ソ連社会というのは、国によって国民全員が強制労働に従事して収奪されるという体制でした。それに、成功した人間たちが親戚と友人に富をばら撒く社会でもあった。経済学者カール・ポランニー[※1]が提示した「人間の経済」[※2]が成立していたわけです。つまり持てる者が持たざる者に分配する贈与、庶民が助け合う互酬、それに商品経済という三つの経済がバランスよく存在していたんです。

**池上** だから社会は停滞していたけれど、ある種人間的に生きることができた。多くを望まなければ、庶民としてはそこそこの生活ができたわけですね。しかも非常にレベルの高い文化を享受しながら。

## 犯罪は〝例外的〟な現象だった

**佐藤** それと同時に、国家は嘘をつくものだという認識が浸透していた。だから人間には頼るが、国家には頼らない。

**池上** (笑)。

※1 ポランニー、カール 一八八六〜一九六四年。ハンガリーに生まれ、主に英米で活動。未開社会の経済活動にまで視野を広げ、「経済人類学」の分野を開拓した。著書に『大転換』『経済と文明』など。
※2 『人間の経済』 ポランニーの遺著。経済は社会に埋め込まれたものであるとして、市場経済の三要素「交易」「貨幣」「市場」それぞれの歴史や意義に言及。

**佐藤**　みんな新聞を端から端まで読むんです。なぜなら、国家が何を隠しているかを知るために。ニュースをBBCで聴いて新聞と擦り合わせれば、「あっ、このニュースを政府はまだ隠してるな。ということは深刻なんだな」とわかるわけです。だいたい、ソ連の新聞には犯罪記事が載らなかったですからね。

**池上**　そうですよね。

**佐藤**　社会主義社会において、犯罪というのは基本的に克服されているからと。起きるとすれば例外的な現象で、それはすべて西側の影響によるものだと（笑）。

**池上**　たしかに格差がなくて私的な搾取もないわけですから、お金目当ての犯罪、強盗なんて起きるはずがない。

**佐藤**　仮に犯罪が起きたとすれば、それは基本的に病理学の見地から処理するんです。だから殺人があると、一気に口コミが広がるんです。ロシア語で「マニヤック」と言うのですが、これは単なる「マニア」という意味ではなく、殺人を趣味とする人を指す。「どこどこにマニヤックが現れた」という言い方をするわけです。

あるいは西側の影響と見る。だから刑事事件とか経済事件というのは、同時にだいたいスパイ事件でもあるんです。

**池上**　そうして鍛えていたから、ソ連の人たちはメディアリテラシーが高かったわけですね

（笑）。新聞の行間を読むことができたと。

**佐藤**　フェイクニュースなんかに騙されないですよね。

## アルコールの値段は安すぎた

**佐藤**　だからソ連の純然たる「罪」の部分ってあまり見当たらないのですが、強いて挙げるならアルコールの値段が安すぎたことかな。それによってアルコール依存症が深刻だったのは明らかに「罪」の部分でしょう。

**池上**　だからゴルバチョフが「節酒令」を出した。みんなウオトカばかり飲んでないで働けと。しかしウオトカの値段を上げた途端、ソ連中から砂糖が姿を消したんですよね（笑）。

**佐藤**　そう、砂糖とイーストが姿を消した。その後にジャムがなくなった。その次は歯磨き粉。歯磨き粉でも酒が造れるんですよ。さらにその次はオーディコロンとか、メチルアルコールとか。

そして最終段階では、靴クリームがなくなったんです。私も靴クリームを、モスクワ大学の学生たちと一緒に試したことがある。もちろん、そのまま舐めるわけではありません。黒パンの上に靴クリームを山盛りにして、それをひと晩置いておくと、アルコール分が下に沈むんです。そうしたら表面の靴クリームが付いた部分を捨てて、アルコールがたっぷり染み込んだパンを食べる。

**池上**　ああ、そういう食べ方なんだ（笑）。

**佐藤**　ものすごく酔ってフラフラになるんですよ。

でも「節酒令」の結果、薬物中毒で死ぬ人間がアルコール依存症で死ぬ人間の数を超えたんです。これが大問題になって、「ソ連共産党通報」という雑誌に、「酒に対する闘争の行き過ぎについて」という論文が出た。私は今でもその現物を持っていますが、実証的なデータを示した上で、「節酒令」はもう止めてビールやワインに移行しようという内容でした。

ところがワインの産地であるアルメニアやアゼルバイジャン、ジョージアでは、ぶどう畑をことごとく潰してしまっていたんです。党の方針に忠実に従うということで。そのためにワインの生産量が伸びず、困っていました。

**池上**　そこでゴルバチョフの人気がどんどん落ちていくわけですよね。

**佐藤**　旧ソ連では、健康に対する配慮がほとんどなかったですね。だからアルコールはいくらでも飲むし、食べ物は何でも塩からい。健康に関する基準が遅れていたということでしょう。

**池上**　そのために平均寿命がどんどん低くなっていくわけで。

**佐藤**　そうです。ついに男性の場合は五〇代になって、女性の平均寿命とは最大時で一四歳もの開きが生まれたんです。戦時下でもないのにこうなるのは、人口学的にきわめて珍しい現象

モスクワのスーパーの棚に並ぶウオトカ

といわれたものです。しかしその謎を解くのは簡単で、原因はひとえにウオトカです。

**池上**　だからウオトカにまつわるアネクドートも多いですよね。

**佐藤**　父親が息子に「酔っ払うとはどういうことか教えてやる。ここにあるウオトカの瓶二本が三本に見えることだ」と。すると息子が「パパ、ウオトカの瓶は一本しかないよ」とかね。

**池上**　そうそう（笑）。

**佐藤**　あるいは、「悩みがあるときはどうすればいい？」とソ連共産党中央委員会に質問したら、「ウオトカを一本飲め」と回答。「飲んだらもっと落ち込むんですけど」と再度尋ねたら、「もう一本飲め」。

**池上**　（笑）。

## クリーニングに出すとボタンが割れる

**佐藤**　私生活で困ることもありましたよ。例えば、ロシアに来るとトイレの使い方が変わりますね。公衆トイレに便座なんて絶対にないですから、中腰でどうやって用を足すかを覚えると。

**池上**　そうですね。便座はすぐに持って行かれちゃうんですよね。あとクルマのワイパーもいちいち外していましたよね。

**佐藤**　いちいち外していないとちぎられることがあるのでね（笑）。だいたいソ連の五ヵ年計画は、クルマについてはしっかりしているのに、部品についてはそうでもない。だから部品はいつも品不足なんですよ。

なければ他から取ってくればいいというのが彼らの発想なので、ワイパーならワイパーを他のクルマから拝借してくる。そして自分のクルマからも、やがて拝借される。そんなことをグルグル繰り返していたわけです。

私もワイパーはヤミ市場で買うか、それでも間に合わないときはヘルシンキから買っていましたね。ソ連車はフィンランドに輸出していたので。

**池上**　それとクリーニングに出すとき、ボタンを一度全部外していましたよね。

**佐藤**　ボタンが割れて戻ってくるのでね。ただし、割らずにやってくれる店も、当時一軒だけあったんです。それがメジュドゥナロードナヤホテル。アメリカの大富豪で元共産主義者だったアーマンド・ハマーがブレジネフにプレゼントしたホテルです。そこのクリーニング店はルーブルが使えるのですが、西側基準でやってくれたのでボタンが割れなかった。

ボタンといえば、付け方も違いました。四つ穴で平行に糸を通すのが西側や日本の一般的なパターンですが、ソ連型は十字にクロスさせるんです。だからボタンを見れば、縫製地がわかるわけです。ソ連に潜入した西側のスパイが、それでバレることもありました。今ではもうそんな違いもなくなりましたけどね。

**池上**　ソ連社会の様子がだんだん見えてきましたね。

## 北朝鮮の暮らしも、庶民にとっては地獄ではない

**佐藤**　どんなシステムであれ、人間は適応性があるので、食べることと寝ることと、それに一定の娯楽が保証されていれば持続可能なんですよ。だからソ連を振り返るとき、あるいは今の北朝鮮を見るときには、この世の地獄という先入観を持ってはいけない。ソ連体制の中で国民が比較的満足していたなら、北朝鮮体制の中でも、国民がある程度満足している姿は容易に類推できますね。

**池上**　そうですね。私も北朝鮮には二回行きましたが、庶民にしてみれば、けっして地獄だと思って生活しているわけではない。外の世界を知らない分、欲望がワッと燃え盛ることもない

んですよね。だから体制として成り立つ。

**佐藤**　それに北朝鮮は、比較的のんびりとしているでしょう。日本人のようにカリカリと仕事していない。

**池上**　してないですね。

**佐藤**　そうすると、やはり政治にさえ関与しなければ、それほど悪い社会じゃないわけですよ。これはソ連と似ていると思う。

**池上**　将軍様の悪口を言わなければ、とりあえず大丈夫。

**佐藤**　それは戦前の日本も同じ。天皇の悪口を言ったら大変なことになりましたからね。天皇の悪口さえ言わなければ、とりあえず大丈夫です。

ロシアがもっとわかるキーワード③

## 「ロシア革命」

史上初の社会主義国家を生んだ革命として有名だが、大きく二段階に分かれている。第一次は日露戦争のさなかの一九〇五年。首都サンクトペテルブルクで、労働者のデモ行進に警察が発砲して多数の死傷者を出した「血の日曜日事件」を契機に、全国で反乱が発生。これに対し、皇帝ニコライ二世は議会の設立や市民の言論・信教の自由などを認め、事態の収拾を図った。これにより、社会主義革命を目指した勢力は国外へ脱出した。

第二次は第一次世界大戦のさなかの一九一七年。これはさらに、「二月革命」と「十月革命」に分かれる。「二月革命」では、反戦を訴える大規模な市民デモに軍隊が同調し、ニコライ二世が捕らえられてロマノフ朝は終焉を迎えた。こうして帝政は終わり、自由主義勢力による臨時政府が樹立されるとともに、労働者を中心とする組織「ソビエト」が結成された。「十月革命」では、亡命先から戻ったレーニンを中心とする左派組織「ボリシェビキ」の主導で、臨時政府の打倒とソビエトへの権力集中が実現。翌年、ボリシェビキは「ロシア共産党（後のソビエト連邦共産党）」に改称した。

3章

# ソ連社会の実像

## ——繁栄から崩壊へ

## ソ連が七〇年も続いた理由は〝緩さ〟にあり

### 政治批判も案外自由

**池上**　ソ連というと、一般的に西側諸国の敵だったというイメージが先行しますね。国民に自由がなく、何か余計なことをするとすぐに粛清されるような。しかしそんな「悪の帝国」であるならば、七〇年も続かないと思うのですが。

**佐藤**　そのとおりです。ソ連というのは、ある種の「緩さ」がある社会だったんです。これが七〇年も続いた大きな理由だと思います。例えば、「善き人のためのソナタ」というドイツの映画がありますね。

**池上**　ありましたね。ある劇作家とその愛人を監視・盗聴していた東ドイツのシュタージ（秘密警察）の局員が、その話を聞いているうちに逆に感銘を受け、記録に改ざんを加えて罪に問われないようにするという話ですよね。

**佐藤**　そう。しかし、こういう話はロシアでは映画になりません。東ドイツでは例外的な話でしたが、ソ連では日常的だったから。ＫＧＢがインテリにお目こぼしするのは、よくある話なんです。

プーチンも回想録で書いていますよ。一九八三年に東ドイツに行って驚いたのは、我々がとうの昔に捨て去った理念をまだ本気で信じている人がいたことだと。それはこういうことなんです。これもソ連のよさの一つでしょう。ルールが厳しいようでいて、実はスカスカなところが多いのです。

例えば政治的発言も、それほど厳しく取り締まっていたわけではありません。例えば「サムイズダート」という自費出版の小冊子を二〇部くらい刷る程度なら、どんなに厳しい政治批判をしてもまったく問題にならなかった。カーボン紙もタイプライターも自由に買えたし。もっとも、ロシアのカーボン紙は質が悪いので、五部くらい刷るのが限界でした。もっと刷ろうと思えば同じことを書き直すしかないわけですが、人間の労力としてはせいぜい四回が限界でしょう。だから合計二〇部くらいしかできなかった。それを製本屋に持ち込んで、小冊子にしたわけです。

でも考えてみれば、どんな大論文を書いても読者なんて五人ぐらいじゃないですか。日本でもそうですよね。だから二〇部も刷れば十分だったんですよ。むしろ、インテリがその程度で満足するなら、勝手にやらせておこうという発想だったわけです。

ただしコピー機の普及だけは認めなかった。

## コピー機は認めないがＦＡＸ機なら利用可

**池上**　コピー機は政府が管理していたんですよね。民間が自由にコピーを使えると、それこそ反政府文書がどんどんコピーされてしまうので。そこでカーボン紙が使われたと。

**佐藤**　でも唯一、抜け穴があったんですよ。それがＦＡＸ機です。当局はＦＡＸ機をコピー機として使えることを知らなかった。単なる電話機としての扱いだったので、外国からの輸入が自由だったんです。

**池上**　なるほど。

**佐藤**　そこに目をつけて、モスクワで設立された非政府系の通信社が、インターファックス通信なんです。

**池上**　そういうことだったんですね。

**佐藤**　もともとはモスクワ放送のニュース原稿を、西側の記者にＦＡＸで流すサービスだった。これは電話で伝えることと一緒だから、検閲にかからなかったんです。しかしＦＡＸで送れば、それがコピーになるでしょ。だからニュース原稿だけではなく、いろいろな文書がＦＡＸされたんです。もうソ連時代の末期だったから、当局も網をうまくかけられなかったんです。

余談ながら、ゴルバチョフ財団の日本代表を務めていた服部年伸さんという方がいます。彼は一九九〇年ごろからよくレニングラード（現在のサンクトペテルブルク）に出かけていて、メドヴェージェフ（前大統領）なんかと親しくしていたんですよ。ただその一方で、毎回ＦＡＸ機を上限の五台まで持ち込んでは、盗難届を書いて紛失を装いつつ反体制派に配っていた。

そうしたらある日、ある航空会社のモスクワ支店で水を飲んだとたんに気を失い、目覚めたら病院のベッドの上だったそうです。支店の現地スタッフに、濃硫酸を飲まされたんです。

**池上**　そんなことがあるんですねえ。

**佐藤**　現地スタッフは「間違えた」と言っていたそうですが。

**池上**　ふつう間違えないですよね。要するに警告ですね。

**佐藤**　おかげで胃袋まで全部焼けちゃって、今でも胃カメラを飲むと大変なことになっているらしい。外国人がＦＡＸ機を持ち込んでいて、当局もそれを黙認していたのですが、やり過ぎると目をつけられる。

でもこういうことは、東ドイツやチェコではあり得ない。抜け道や隙間を作らないのでね。

**池上**　それは民族性の違いですかね。ドイツ人は緻密ですが、ロシア人はけっこう杜撰でいい加減。

**佐藤**　ただ帝国を維持するには、そういうスカスカなところも作っておく必要がある。その意味では、ロシア人の知恵ともいえますね。

## 交通違反も意外と簡単にもみ消し可能

**佐藤**　ソ連の役人というのは、それぞれの現場で大きな裁量権を持っているんです。例えば路上で交通違反を取り締まっている交通警察官というのは、大佐なんですよ。彼らには、酔っ払い運転のドライバーを拘束してそのまま裁判に送り込むほどの権限が与えられている。言い換えれば、「以後気をつけろよ」という〝同志的忠告〟だけで見逃すことも可能なんです。

彼らにとっては、それがお金の源泉でもある。わざわざ大佐が交通警察をやりたがるのは、交通違反をもみ消して小遣いが入るからです。

**池上**　そう。運転免許証を見せろと迫ると、ドライバーは免許証の間に〝たまたま〟ルーブル紙幣をはさみながら見せるという（笑）。

**佐藤**　ソ連の運転免許証というのは、中にカードがあって、違反するとパンチで穴を一個ずつ開けられていくルールです。それで四つになると免停になる。しかし、カードの代わりにルーブルを入れていれば穴の開けようもない。だから何度違反しても大丈夫なわけです。

**池上**　そうですよね（笑）。

**佐藤**　だからルーブルを入れておくのが有効。ただし外国人の場合はね、ルーブルの代わりにドルを入れておくと、運が悪ければ外貨を渡そうとしたとして摘発される可能性があったんです。

その代わりに何がいいかというと、生命保険会社の水着のカレンダー。毎年末、外交パウチ（バッグ）を使ってあれを大量にモスクワに持ってくるんです。そうすると交通違反のもみ消しにも、レストランの列をパスするときにも使える（笑）。

**池上**　日本のカレンダーは大人気でしたからね。女性のパンストもそうでしょ。

**佐藤**　そうでしたね。商社員はロシア人女性に目の前で穿《は》かせたりとか、やっていましたよ。

**池上**　（笑）。

**佐藤**　だけど勘違いして、ロンドンあたりで卑猥な写真を買ってきて使おうとするヤツもいた。そうすると捕まる場合があるんです。わいせつ物頒布とかでね。

**池上**　健全な女性の写真じゃないとダメなんだ（笑）。

**佐藤**　その程合いがけっこう難しいんですよ。いずれにせよソ連にはそういうスカスカなところがたくさんあったわけね。

それから私がいた時代にはゴルバチョフによる「節酒令」があり、事実上の禁酒令が敷かれていたんです。だから現地の人しか行かないようなビヤホールでは、ものすごく長い行列ができて、寒空の下で三〜四時間待つこともザラだった。

そうしたら、狡《ずる》いロシアの友人がいて、私に「持っているカードを見せろ」と言うんです。私が財布の中を調べたら、その中に日本のどこかのスナックでもらった、金ピカのボトルキープ券があった。彼はそれを指して、「行列の先頭に行って、店の人間にこのカードを見せてみろ」と私に指示するんです。

そのとおりにやってみると、行列を飛ばしてあっさり店に入ることができた。店の人は、見たことのない金ピカのカードを、党高官の特別な証明書か何かだと勘違いしてくれたんですよ。この客はＶＩＰに違いないと。以降、このカードは重宝しました。

**池上** （笑）。

**佐藤** あるいは、私は大使館で二等書記官だったのですが、この肩書で田舎に行くとすごく仕事がしやすかった。ロシア語で「二等書記官」というのは、ソ連共産党の「第二書記」と同じ言葉なんですよ。党の第二書記といえば、中央から地方に送り込まれたお目付け役のようなものので、事実上の指導者なんです。だから「二等書記官」の名刺を出すと、「こんなにお若いのに優秀ですね」と驚かれて、すごく優遇されたんですよ。

**池上** いやあ、面白い国ですなあ（笑）。

**佐藤** 日本でも若干こういうことはありますよね。例えば外務省で「副理事官」といえば一番下っ端ですが、警察官にその名刺を出すとびっくりされる。

**池上** そうですよね。副理事官という職種はないですが、警察の理事官といえば本庁の課長の次ですからね。

## ソ連共産党書記長の偏差値は五〇程度だった

**佐藤**　だいたいソ連は、トップ自体がけっこう緩かったんです。今、「反知性主義」という言葉をよく聞きますが、ソ連共産党書記長には凡庸な人物が選ばれるのが常でした。日本的に言うと、偏差値五〇前後の人しかならないようにしていたんです。レーニンやアンドロポフやゴルバチョフは例外。彼ら以外は、みんなそういう人たちです。知的なエリートにしてしまうと、国民のボリュームゾーンから外れてしまうという理由でね。

**池上**　ブレジネフ※なんか典型ですよね。

**佐藤**　そう、ブレジネフで面白いのは地方遠征の話ね。彼は戦争で苦労しているし、食に対するこだわりが強かった。だから現地の住民に「肉は足りているか」と尋ねる。住民が「書記長、肉は足りていません」と答えると、「おおそうか、わかった」と気前よく応じて、その地域に大量の肉を追加配給する。すると住民にとっては、「ブ

レオニード・ブレジネフ書記長の肖像画

※　ブレジネフ、レオニード　一九〇六〜一九八二年。六四年、フルシチョフの失脚後にソ連共産党第一書記（後の書記長）に就任。以降、亡くなるまで一八年間の長期政権を担う。しかし経済の停滞を招き、国力を衰退させた。

レジネフが来てよかった」という話になりますよね。だから高い支持を得ていましたが、実は当人は『レーニン全集』を一ページもめくったことがないといわれていたんです。

でもこういうところ、考えてみたら安倍政権と似ていますよね（笑）。国民のボリュームゾーンに非常に近い一方で、知的で複雑な操作はできない。その意味では、反知性主義の先輩としてソ連を見ることもできる。

**池上**　（笑）。

**佐藤**　それでゴルバチョフのような知的な人が出てきたから、ソ連は崩壊したんです。

**池上**　それは間違いない。

## 一九七〇年代、ソ連は豊かだった

### 生活水準の高さに驚かされて

**佐藤**　私が初めてソ連に行ったのは一九七五年、高校一年生のときです。何より衝撃的だったのが、東欧も含めてとにかく生活水準が高いことでした。

例えばふつうの列車の食堂車にさえ、テーブルにクロスがかかっていて、ナプキンとフォークとナイフが用意されていて、三コースの食事が出てきた。ごく一般的な労働者が、そこにアクセスできるんです。

**池上**　モスクワのデパートの中にソ連時代のレベルの食事を出すレストランがあります。観光客に人気だし、今のロシアの人も郷愁から来るので、長い行列ができていました。食べてみたら、「ウーム、これでは長生きができないな」というレベルでしたが。デザートは、ひたすら甘いだけでしたね。

**佐藤**　ソ連時代でも高級ホテルのレストランは美味しかったですよ。コンサートやバレエにしても、当時の日本の金銭感覚でいえば三〇〇円程度で観ることができましたからね。

それに地下鉄のホームでは、一本の電車が出た瞬間からカウントの表示が始まり、あと何秒待てば次の電車が来るかがすぐにわかる。時刻表と時計を見比べる必要もないわけです。それからバスも、日本ではまだ旧式のバスも少なくなかった時代ですが、ソ連のは立派でスピードも速かった。

あるいは飛行機にしても、当時の日本では乗ったことのある人がまだ少数でしたが、ソ連ではみんながふつうに乗っていました。値段も非常に安かったんですね。つまり陸も空も、交通インフラのレベルはすごく高かったんです。

当時、日本ではソ連というと貧しいとか、自由がないというイメージで語られることが多かったのですが、実際はまったく違った。けっこうゆったりしていて、社会に余裕が感じられたんです。

**池上** 先日、テレビ番組の取材でドイツとハンガリーとオーストリアを回ってきたのですが、旧東ベルリンのエリアにＤＤＲ博物館というのがあるんです。一九七〇〜八〇年代の旧東ドイツ国民の生活を再現するという施設なんですけどね。

**佐藤** 「オスタルギー」というやつですね。

**池上** そうです。「オスト」はドイツ語で「東」、「ノスタルギー」は「郷愁」、「オスタルギー」はその造語で、「東ドイツ時代の生活はよかったよね」と懐古しようということです。そのために最近新しくできたのが、ＤＤＲ博物館なんですよ。

そこに行くと、やはり住宅事情は日本よりはるかに豊かだったことがわかる。彼らにしてみれば、昔の東ドイツがいかに貧しかったかを再現しようとしているわけです。しかし日本人の観点で見ると、「一九七〇年代にこんな豊かな生活をしていたのか」と衝撃を覚えると思いますよ。

**佐藤**　たしかに、ソ連崩壊の前の話ですが、西側からチェコやハンガリーに観光に来る人たちがけっこう多かったんです。西側より東側のほうが食糧事情はよかったからですね。

## 東ドイツの尋問は日本よりずっと人道的

**池上**　そしてもう一つ、衝撃だったのはシュタージ博物館。つまり旧東ドイツの「国家保安省」という名の秘密警察の博物館ですね。かつてそこで尋問を受けたという人に、その場所を案内してもらったんですよ。当時の尋問部屋などがそのまま残っていて、そこでいかに非人道的な扱いを受けたかという解説をしてくれたのですが、その部屋は日本の地検の取調室よりずっと広い（笑）。それに拘置所の部屋も、日本のそれよりひと回り広いんです。

**佐藤**　シュタージの尋問というのは特徴があって、パイプ椅子とかではなく、一般家庭の居間のようなセットで、家庭用のテーブルと椅子が置いてあるんですよ。ごく標準的な家庭のように。それはなぜかというと、家に帰った後も取り調べの記憶が残るようにするため。

**池上**　えっ、ゾッとする話ですね（笑）。しかし非人道的な取り調べという意味では、日本のほうがよほど上位ですよね。シュタージ博物館の取材に同行したテレビのスタッフは、「こんなに非人道的なんですね」なんて言っていましたが、彼らは日本の検察の取り調べや拘置所の様子を知りませんからね。実際にこれを経験した人から見れば、「日本のほうがずっとひどい」と思うはずです（笑）。

**佐藤**　私のときは、椅子にも座れなかったですからね。五一二日間もずっと畳に座ってなきゃいけなかった。これ自体が拷問ですよね。

**池上**　そうですよね。

**佐藤**　今はまだ少しよくなったけれど、私のときは明治時代の監獄法のままでしたからね。だから持ち込んでいいものは甚平とか、雪駄とか、なんか変なんですよ。いつの時代の規則なんだと（笑）。

**池上**　それに比べたら、やはり一九七〇年代でちゃんと室内に暖房があった旧東ドイツはすごいですよね。

## 富の源泉は石油

**池上**　そうすると、なぜ当時のソ連や東ドイツはそんなに豊かだったのか。社会主義体制だったからなのか、という話ですよね。

**佐藤**　それはひとえに、ソ連の石油のおかげです。

東欧諸国の場合はそれぞれ事情があって、例えば東西ドイツでは通貨マルクの交換レートが特別に一対一に固定されていた。実勢的には西ドイツのほうが三〜四倍は高いはずなのですが、西ドイツは政策的に東ドイツを国内扱いにしていたんです。だから交易をするたびに西ドイツは持ち出しになり、東ドイツはその恩恵を受けた。つまり西ドイツにかなり依存していたわけです。

それからポーランドとハンガリーは借款で成り立っていた。ルーマニアは対外債務をすべて返済しましたが、おかげで極貧状態になりました。自助努力で経済力を持っていたのはチェコぐらいでしょう。

ただし、彼らはコメコン（経済相互援助会議）[※1]に所属し、基本的にソ連の支援に頼っていた。その原資が石油だったわけです。ソ連は二度のオイルショック[※2]、特に第二次オイルショックの原油価格高騰により、労せずして莫大な利益を得た。しかしそのために危機感を失い、イノベーションが遅れ、その後の原油価格下落で大打撃を受けることになるんです。

※1　コメコン（経済相互援助会議）　戦後、アメリカが推進した欧州復興計画（マーシャル・プラン）に対抗して、一九四九年にソ連主導で設立。加盟国は東欧諸国を中心に一〇ヵ国。一九九一年に解散。
※2　オイルショック　第一次は一九七三年の第四次中東戦争を機に、第二次は一九七九年のイラン革命により、いずれも原油の産出量が減って価格が高騰し、輸入国に不況とインフレという深刻な打撃を与えた。

**池上**　今だからソ連の原資は石油だったとわかるのですが、当時はそういう情報がなかったですよね。社会主義体制が優位だから、ソ連は豊かだと思わされていた。

あるいはキューバや北朝鮮にしても、昔はソ連から石油をタダ同然の「友好価格」で仕入れていたから、体制を何とか維持できたんですよね。

**佐藤**　同時に逆の「友好価格」もあって、ソ連はキューバから国際価格の数倍の値段で砂糖を買っていた。だから当時のモスクワの砂糖は全部キューバ産で、氷砂糖のようになかなか溶けないことで有名だった。ソ連崩壊の最大の成果は、砂糖が溶けやすくなったことかもしれません。

**池上**　（笑）。

**佐藤**　キューバの砂糖に限らず、コメコンの中では分業体制が整っていたんですよね。例えばグレープフルーツやオレンジはやはりキューバ産。日持ちもするので、豊富にありました。それからバナナは一時期ニカラグアから、米はベトナムから、ジャムはブルガリアからといった感じです。

一方、みかんはソチ産で、すごく高かった覚えがあります。ちなみに、その苗木は日本から持ち込まれました。江戸時代末期に買ってきたんですね。

**池上**　日本ではコメコンの概念がほとんど理解されませんでしたが、この分業体制が要だったんですね。またソ連の中にも分業体制がありました。カザフ共和国は綿花を作れとか。お互いに、そういう分業体制の一員だから成り立っていたわけですね。ソ連が崩壊して、独立するとなると、とたんに必要な物資が入らなくなって立ちゆかなくなる。

**佐藤**　ついでに言うと北朝鮮はコメコンに入っていませんでしたが、モスクワで日常的に手に入った北朝鮮製品が、醤油です。これ、プラスチックのボトルに入っていたのですが、焼き肉に使うとけっこういいんですよ。

それから自動車のバッテリーも北朝鮮製が多かった。それと背広とコートも北朝鮮製。中央アジア系の人は北朝鮮の人と体形が近いから、ちょうどよかったんです。

**池上**　北朝鮮は昔から繊維産業が得意でしたからね。紳士服のアオキも一時、北朝鮮製を売っていました。さすがに今は売っていませんが（笑）。だから安かったんですよ。

**佐藤**　そう。「MADE IN DPRK」って書いてありましたよね。

**池上**　それだと消費者はまさか北朝鮮製だとは気づきませんからね。

## 共産主義の理想形を実現

### ソ連の労働時間は一日わずか三時間

**佐藤**　ソ連はブレジネフ書記長の時代に、共産主義の理想形の一つを確実に実現していたと思うんですよ。特にいいのが、労働時間の短縮。

**池上**　そうですね。

**佐藤**　今のロシア人もそうなのですが、一日の実働時間はたぶん三時間くらい。お金が欲しい人はもっと働きますが、基本的に労働時間は短いんです。それに夏は二ヵ月くらいかっちり休暇を取る。こういう文化が定着したということは、ソ連型社会主義の非常にいい遺産だと思いますね。

**池上**　それから別荘（ダーチャ）も充実していますよね。モスクワ市民など都市部の住民は、かならず郊外に小さいけれど別荘がありました。小さな庭があり、野菜などはここで育てて、ある程度自給自足の生活が可能だった。

**佐藤**　別荘の普及で、土いじり、つまり園芸を重視するという文化が定着した。これもソ連時代の話です。

**池上**　人間的な暮らしができたということですね。まさに「働き方改革」が起きていたと。

郊外に広がるダーチャ群。ソ連時代から多くのロシア人は週末や夏休みをここで過ごす（ニジニ・ノヴゴロド州クストヴォ）

**佐藤**　それからインテリにはインテリ用の別荘村があった。そこで五ヵ年計画に即して、一年に一～二本くらい、例えば「五ヵ年計画における消防組織における共産党支部の役割」などという論文を書けば、あとは好きなことをやって暮らしていけたんです。いい社会ですよ。

**池上**　いいですねえ。理想の社会ですね（笑）。

**佐藤**　だから特にブレジネフ時代においては、インテリを糾合することに成功しましたよね。一方で反体制派に対しても、「こんなにすばらしいソ連体制に文句があるというのは、精神に障害を来しているに違いない」という形で、銃殺ではなく精神病院に隔離した。だからかなりマイルドな社会だったわけです。

**池上**　ある種の寛容さがあったということですね。

## 格差はきわめて小さかった

**佐藤**　ただし、中央官庁の官僚の労働時間はすごく長かった。深夜一～二時まで働くのが当たり前でした。それにソ連共産党の中央委員会の官僚も、土日なしで働いていた。でも、だからといって給料がそう高いわけでもないんです。いわゆる「赤い貴族（ノーメンクラトゥーラ）※」というのは、せいぜい腐っていない卵を買える程度の権利が与えられているだけ。

**池上**　「ノーメンクラトゥーラ」っていう言葉、たしかにありましたね（笑）。

**佐藤**　これは、「ここから幹部を登用しますよ」というリストの意味なんです。そこから「赤い貴族」と呼ばれるようになったんだけど、これは明らかな誇張表現です。彼らが持っている特権はたかが知れていた。

**池上**　一般の国民よりは多少マシなものを買えると。

**佐藤**　マシなものを買う権利があるし、それからアクセスが違いましたね。意外と知られていませんが、ソ連は最先端のサプリメント大国だったんですよ。冬場は野菜が圧倒的に不足していたのですが、それなら野菜の供給を増やすより、国民全員にビタミン剤を飲ませたほうがコストが安いと（笑）。だからみんな総合ビタミン剤を飲んでいたんです。

それでモスクワのダニーロフスキー修道院のそばに比較的新しい自由市場があるのですが、そこだと冬場はキュウリ一キロ、現地のキュウリは太いので三～四本ですが、だいたい一〇ルーブル、当時の公定レートでいうと二五〇〇円くらいで売られていた。

**池上**　えっ、二五〇〇円？

**佐藤**　そう。当時ロシア人の平均給料が約二五〇ルーブル（約六万二五〇〇円）だったので、ものすごい高級品ですよね。それを一〇～一五センチの長さに切って、フグ刺しのように薄くスライスして皿の上に並べ、そこにマヨネーズをかけて食べる。それが誕生日祝いの酒のつまみになったりするわけです。夏場になると、店でふつうに山ほど売っていましたけどね。

一方、そこからトロリーバスで五停留所ぐらい行った先に、一四階建ての赤いレンガ造りのものすごく立派なビルがあるんです。そこは柵に囲われて、表面には何も書いていないのですが、ソ連共産党の中央委員会付属の「十月ホテル（オクチャーブリホテル）」で、準迎賓館でした。今は「プレジデントホテル（大統領ホテル）」になっていますが。

そこの二階にレストランがあって、前菜にキャビアが出て、スモークサーモンとスモークし

※　赤い貴族（ノーメンクラトゥーラ）　ロシア革命のころから、ボリシェビキの指導者らが旧貴族の資産を没収・私物化していたという。「共産貴族」とも呼ばれる。

たチョウザメが出て、それからジャガイモと鶏肉の入った「首都のサラダ」というのが出てくるんです。夕飯にスープを飲む習慣はないのですが、代わりにペリメニという水餃子のような料理が出て、さらにヒレステーキ。その後にデザートとしてアイスクリームが出てくるのが一般的なフルコースです。それでコニャックを一杯飲んで、締めていくらかというと、これが七五〇円。

**池上**　(笑)。

**佐藤**　庶民は四本のキュウリを二五〇〇円で買わなきゃいけないのに、そこから一〇分ほど移動した場所では、共産党中央委員会のメンバーが七五〇円でフルコースを食べられる。こういう差はありましたね。

**池上**　さすがノーメンクラトゥーラだなあ(笑)。

**佐藤**　もともと平等な社会だったので、こういう差異がものすごい特権に見えたわけです。その程度の格差だったということですね。

だから住宅にしても、KGB幹部か官僚でも、せいぜい一四〇平方メートルでしたからね。

**池上**　まあ、日本では豪邸ですけど(笑)。

**佐藤**　普通の共産党中央委員会の官僚たちの自宅は八〇平方メートルほど。労働者は五四平方メートル。その程度の違いです。だからモスクワにおいて、党や国政のトップ五〇に入る人間と、底辺の労働者の住宅の面積を比較すると、三倍の差もなかったということですね。その程度の格差ですよ。

**池上**　まあ小さいですね。

**佐藤**　もっとも、この平等社会は今のロシアでは考えられません。ソ連崩壊から間もないころ、ロシアの国営テレビが放送したメキシコの「金持ちも涙を流す」というソープドラマが大人気になったことがあります。金持ちにも庶民と同じく喜怒哀楽があるという話なんですが、やがてロシアも中南米のように貧富の格差の大きい社会になっていくんだなということを、国民は感じ取っていたんだと思います。

そういう社会だから、日本の商社員や外交官の子どもは、小遣いを欲しがらなくなるんですよ。

**池上**　買うものがないからね。

**佐藤**　そう。買えるものといえば、パンとか、ときどき腐っている牛乳とか、それくらいでしょう。お菓子類なんかも、まともなものは一年に一回か二回しか出ないので。それからおもちゃにしても、ソ連製は壊れやすかったり、子どもに与えたら怪我をしかねないようなものだったり。だから、子どもが泣きやまないときに、おもちゃを買ってやると言って脅すといいでしょうとまで言われた。

**池上**　脅しになるんだ（笑）。

## 誰もお金を欲しがらない社会

**佐藤**　そんな感じだから誰もお金を欲しがらない。その代わりモノを欲しがるようになる。そのモノもお金を出せば一応は買えますが、アクセスによって手に入るものが違うわけです。

**池上**　貨幣経済の廃止につながりそうな話ですね。

**佐藤**　それを象徴するように、ソ連時代のルーブル札というのは、今と違ってすごく小さかったんです。例えば一〇ルーブル札にしても、日本の子ども銀行で使う紙幣ぐらいの大きさでしたからね。おそらくあれは、貨幣のウエートがそんなに大きなものではないということをシンボリックに示す意味合いもあったと思いますね。

そのせいかロシア人というのは、よくお金を融通してくれたんです。例えば地下鉄の運賃は五カペイカだったのですが、持ち合わせがないときに周囲の人に「五カペイカちょうだい」って声をかけるのがごく日常的な光景でした。あるいは公衆電話の料金は二カペイカでしたが、やはり同じ。近くにいる見ず知らずの人に「二カペイカくれ」って頼んで、頼まれた人も躊躇なく渡すんです。これが共産主義社会なんだなと思いましたね。

**池上**　すごいな、ある種の理想社会。

ソ連時代の1ルーブル札（1991年）と1ルーブルコイン（1988年）

**佐藤**　そういうところはね。僕はソ連の前にイギリスにいたので、余計にギャップを感じたんです。イギリス人にとって人に小銭を渡すのはすごく失礼なこと。そんなことはまずあり得ないし、だいたい見知らぬ人に「お金をくれ」なんて絶対に言わないですからね。そこからソ連に来たので、貨幣に対する考え方がまったく違うなと皮膚感覚で思いましたよね。

## ソ連時代も今も教育水準は高いまま

### モスクワ大学のエリートは近代経済学を学んでいた

**池上**　ソ連が崩壊して資本主義がワッと広がったとき、マルクス経済学の用語で言う「資本の本源的蓄積」が起こりましたね。つまり資本主義の初期段階において、平等だった社会の中である者が力を持ち始め、どんどんお金を集めるようになると。それを私たちは現代において目の当たりにしたわけです。

**佐藤**　まさにそのとおりです。一極における富の集積と集中が進んだため、貧困、無知、粗暴の蓄積も起きた。それがソ連崩壊から二年ぐらいで起きたことですよね。私がマルクスの『資本論』を心底正しいと思うようになったのは、モスクワでの資本の本源的蓄積を見てからですからね。

**池上**　それによって金持ちと貧乏人が現れ、格差社会が生まれたと。

**佐藤**　経済学について言うと、ソ連には特殊性があるんです。マルクス経済学の位置づけは非常に低かった。モスクワ大学の経済学部は資本主義経済学科と社会主義経済学科に分かれていたのですが、後者の社会主義経済学科では主に近代経済学を教えていました。

基本はポール・サミュエルソン。つまり国家計画委員会などに進むエリートたちを養成するところでは、新古典派総合を教えていたんです。例えばロシアの政治家で経済学者でもあったエゴール・ガイダルは、典型的なシカゴ学派でマネタリストでした。こういう人たちを養成していたわけです。その根底にあるのは弁証法の考え方ですね。社会主義発展のために、資本主義、ブルジョア経済学を弁証法的に使おうと。

あるいはプーチンも経済学の博士号を持っていますが、博士論文は「システム運営論」でした。アメリカのシステム工学研究者の論文のロシア語訳をベースにして書いているんですよ。

**池上**　そういえば大学時代、近代経済学の教授が「今のソ連で使われているのは近代経済学なんだぞ」と言っていたのがすごく印象に残っています。

たしかにそうなんです。例えば「産業連関表（一年間の産業ごとの取引高を一覧にした表）」というのがありますね。日本でも国や自治体が作成していますが、もともとはソ連からアメリカに亡命した経済学者ワシリー・レオンチェフが編み出したものですからね。その意味では、ロシア人の発想は近代経済学と親和性が高いわけですよね。

あるいは、公式のイデオロギーとしてはけっして認めませんでしたが、景気循環の一つである「コンドラチェフの波」を提唱したコンドラチェフも、ロシアの経済学者ですね。

**佐藤**　一方の資本主義経済学科では、マルクスの『資本論』をベースに、資本主義がいかに崩壊するかを学んでいた。彼らにとって重要なのは「生産手段」がどこにあるかということなの

ロシアの最高学府、モスクワ大学

で、「労働力商品化」という発想がないんです。

それに「搾取」もわからない。ソ連時代に搾取があったと主張する人もいますが、搾取とは基本的に資本家が労働力商品を自由な形で販売できることが前提です。しかしソ連の場合は自由に職業を選べないので、労働力が商品化されていません。ある意味で国民全員が強制労働に就いていたので、「搾取」の認識もなかったんです。

**池上**　マルクス経済学というのは、資本主義がいかに非人道的で、どう崩壊するかということまでしか書いていませんからね。だからポスト資本主義をどうするかという指標にはならない。それならアメリカの経済を参考にしてみようと。きわめてプラグマティックな考え方ですね。

**佐藤**　そうなんです。イデオロギーというものに対して、ロシアの人たちは鈍感なんですよ。近代経済学も、その背後にあるイデオロギーとは切り離し、技術的なものとして使おうとした。

それを突き詰めればソ連社会を発達させることができるという、すごく機械的な発想だったんです。

だからソ連崩壊後、シカゴ学派的な改革理論が簡単にまかり通ってしまったわけです。例えば一九九二年にインフレ率が二五〇〇%を超えても、世の中はそんなものなんだと容認してしまう。もともと資本主義はとんでもないものだと教え込まれているから、むしろ「聞いていたよりはマシ」という感じなんです（笑）。

## ソ連の大学の最難関は哲学部だった

**佐藤**　もともとソ連の学問のレベルはきわめて高いんです。例えば、日本では最近になって「AI（人工知能）」が流行語のようになっていますが、ソ連では「キベルネチカ（サイバネティクス）」と称して、古くから研究が進んでいました。

**池上**　「サイバネティクス」って懐かしい言葉だ。

**佐藤**　「サイバネティクス」という言葉は、ギリシア語の「キベルネーテース（舵取り人）」から来ていますからね。モスクワ大学には「応用数学サイバネティクス学科」というのがあって、エリツィンの娘タチアーナもそこを出ているんですよ。

あるいは西側の著作でも、意外なものがけっこう翻訳されていました。例えば言語哲学のウィトゲンシュタインとかね。

でも何よりも面白いのは、ソ連時代のモスクワ大学の最難関学部が哲学部だったことですよ。

**池上**　これがすごいですよね。

**佐藤**　哲学部の中でも、特に科学的共産主義専攻というところにエリート中のエリートが集まっていました。それから理科系で一番難しいのは医学部ではなく、物理学部。やはり物理や数学が重視されていたのでね。医学部の地位は低くて、そもそも総合大学にはないんです。医科の単科大学があるだけ。医学部というのは技術を学ぶ場という認識なんですね。

**池上**　物理学部を出たエリートはどこに行くんですか？

**佐藤**　やはり軍需産業。軍事との関係は近いですからね。ただし、モスクワ大学理学部の学生は違います。彼らの多くは純粋にアカデミックな研究機関などに進んでいた。同じモスクワにバウマン工科大学があり、これは日本でいえば東工大に相当するのですが、その卒業生が軍需産業に進むんです。あるいは原子力関連とか。ソ連時代はその施設を「軽工業省」と呼んでいましたが。

**池上**　軽工業のわけがない（笑）。

**佐藤**　わざと名称を変えていたんですよ。だから国家機関にも原子力庁は存在しなかった。

一方、一番成績の悪い人が行くのが法学部。ゴルバチョフのように田舎出身で、党の叩き上げから大学に来る人は法学部に行くわけです。そこを出て内務省やKGBに勤務するわけですが、中でも成績の悪い学生が弁護士になる。なぜなら、私有財産がほとんどないでしょ。だから弁護士の仕事といっても、相続くらいしかない。それもベッドを誰が譲り受けるかとか、テレビを誰がもらうかとか、その程度の話です。亡くなったら住宅は国に召し上げられるのでね。あるいは離婚訴訟くらい。

だいたいソ連には調停裁判所というのがあって、特に経済問題には判決を出さず、基本的に双方の調停ですべて解決することになっていました。だから民事法がまったく発達しなかったんですね。

**池上**　プーチンもレニングラード大学法学部卒でしたよね。

**佐藤**　そうです。ただ本人の自伝によれば、もともとKGBに入ることを希望して、現役職員に何学部に行けばいいかを尋ねたら、「法学部がいい」と言われたらしい。自伝にそう書いてあるので、きっとそのとおりなんでしょう。

## ロシアの教育費は無料

**佐藤**　結局、ロシアにとって九〇年代は混迷の時代でしたが、彼らは彼らなりにその危機を克服して今日に至っている。むしろ国家統合を再強化するぐらい成功しているわけです。

ではその大きな原動力は何だったかといえば、やはりソ連時代からの高い教育水準だと思います。我々はその点からもロシアを見習い、学び直す必要があると思う。だいたいロシアには文系・理系の区別がないですからね。

**池上** それがすごいですよね。

**佐藤** それからロシアの大学では、すぐにアクティブラーニングです。ただし、高校までは徹底した詰め込み教育。大量に古典を読ませたり、通知表が毎日あったり。詰め込みがなければアクティブラーニングができないという発想なんです。

加えて文化的な愛国心を育てるのが非常にうまい。だから実は、政治的な背景云々を問題にすることがあまりないんです。

**池上** そのあたりも見習うべきですよね。

**佐藤** しかも、高校までは基本的に無償。それで比較的成績のいい子は国立大学に行くわけですが、授業料は五年間無料。一方、同じモスクワ大学でも私学の部門があって、そこは年間一〇〇〇万円以上取る。そのお金で大学を運営しているわけです。

日本でもいろいろ議論はありますが、大学を一律で無償化する必要はないと思うんです。高校までは無償でも、その先の大学教育はメリハリをつける。これは今の日本の教育改革の中でも、いいモデルになると思いますね。

# ソ連はなぜ崩壊したのか

## 大量消費文明に目覚めた国民

**池上**　さて、それほど充実していたはずのソ連ですが、八〇年代末からガラガラと崩れていきます。何が起きたのでしょうか。

**佐藤**　基本的には国境を開き、大量消費文明が入ってきたことが原因だと思います。それによって国民の欲望を抑えきれなくなった。言い換えるなら、国民の欲望を抑えるほど強いイデオロギーは存在しなかったということですよ。

しかも当時は、「二四時間戦えますか」みたいな強烈な資本主義だったから。仮に今、ソ連が崩壊したとしたら、国民は当時ほど西側的なものに憧れたかどうか、わかりませんね。もし今の日本人のようなメンタリティだったら、ソ連は崩壊しなかったかもしれない。今の若い人たちは消費しないでしょ？

**池上**　意外に日本人のメンタリティだと、ソ連型社会で適応できそうな気がしますけどね。就活も苦労しないでしょ。国が就職先を決めてくれたから。

**佐藤**　もう大学に行くことが就職でしたからね。自治医大とか防衛大学校に行くのと一緒で。

そういえば最近、日本でもベーシックインカムの議論が盛んに行われていますが、その原点もソ連にあるんです。国民は働かなくても金が来ましたからね。

ただしベーシックインカムが成り立つ条件は、買えるものが少ないこと。もし日本でベーシックインカムを導入するなら、食料品や住居費をすごく安くする一方、クルマをとんでもなく高くするとか、洒落たレストランの料金を最低でも一人一〇万円にするとかしないといけない。

ソ連体制が維持された理由はそこにあります。レストランはさほど高くないのですが、しかし一年前から手紙で予約しないとダメ。だから価格競争の代わりに行列競争・時間競争があったんです。競争によって価格は変動しないが時間は変動する（笑）。時間によって調整されていたわけです。

一般的なミクロ経済学によれば、消費者はある程度のお金を払うことにより、「効用の極大化」を図ろうとします。しかしソ連時代のロシア人の場合には、お金ではなく時間をかける。あるレストランでビールを飲むために、外で四時間待たなければいけないとき、はたしてそこまでして飲む必要があるかと考えるわけです。

**池上**　（笑）。

## マクドナルド出店で「六時間待ち」

**佐藤**　マクドナルドが一九九〇年にモスクワで一号店を出したときも、平均待ち時間は六時間だったんですよ。だからみんな二食分弁当を持って並んでいた（笑）。

**池上**　たしかにモスクワでオープンしたとき、長蛇の列ができましたもんね。

二〇一八年に、そのマクドナルドに立ち寄りました。中は日本のマクドナルドと変わりませんが、注文は自動販売機のような機械で、タッチパネル方式で可能です。列に並ぶ必要がない。日本のマクドナルド店のほうがよっぽど行列ができる。

**佐藤**　マクドナルドの一号店ができた当時は「夕刊モスクワ」に、「〝M〟と書いてあってもメトロ（地下鉄）の入口ではありません」という記事も出た（笑）。これはハンバーガー屋のマークだから勘違いしないようにと。ちなみに「ハンバーガー」に相当するロシア語もなかったので、「オープンサンドウィッチ」を意味する「ブッテルブロード」と紹介していました。ついでに言うと、マクドナルドはアメリカの資本ではなく、カナダの資本だと強調していた。

**池上**　たしかソ連ではコカ・コーラを入れずにペプシを入れましたよね。

**佐藤**　それはニクソンとペプシとフルシチョフの関係でね。ペプシはソ連にコーラの原液を売る対価として、ルーブルではなくウオトカの「ストリーチナヤ」を輸入した。だから当時のロシア語の会話では、コーラのことを「コーラ」ではなく「ペプシ」と呼んでいたんです。

モスクワのマクドナルド1号店（改装後）

「コーラ」では何のことかわからなかった（笑）。

それでコカ・コーラがロシアに入ってきたのは、八〇年代末ぐらいですね。ただし瓶で買うときには、かならず底を見ろと注意された。それはビールでも同じなんですが、なぜだと思います？

**池上** なぜですかねえ。

**佐藤** 底によく変なものが沈んでいたから。それ、ネズミのフンなんです。使用済みの瓶が放置されて、その上をネズミが歩いてフンをして、十分に洗浄されないままボトリングに回される。そういうことがよくあったんですよ。

だからみんな、買うときには瓶の底を見る習慣がついた。オリのようなものが沈んでいたら、絶対に買わないわけ。「ネズミのウンコが入っていないコーラをくれ」って文句を言いながらね。

**池上**　（笑）。

**佐藤**　こういう環境に身を置くことは、大使館員としてすごく貴重でした。ところが、多くの大使館員はこんな経験をしていません。赴任早々にクルマを買ってしまうから、市井の生活に触れる機会が少ないんです。

私はロシア語の達人の先輩から、研修生のうちは絶対にクルマを買うな、外貨ショップに行くなと言われていた。それを忠実に守ったから、こういうことを知っているわけです。外貨ショップで売っているコーラは缶入りですからね。

**池上**　なるほどね。庶民の生活を知らないといけませんね。

## 「ソ連体制はアイスクリームで崩壊した」

**佐藤**　それはともかく、ブレジネフの時代というのは、どんどん石油を産出して食糧を買っていました。穀物は豚や牛に食べさせてどんどん食肉を生産し、パン用の小麦はカナダやアメリカから買っていたのです。

その一方で軍拡路線を邁進した。第二次世界大戦では三〇〇〇万人が死んでいますから、とにかく戦争は避けたいと。つまりお腹いっぱいに食べられて戦争もない。こんなにいいことはないだろうというのが、ブレジネフの時代だったわけです。

ところが、人間というのは肉を食えるようになったぐらいでは満足しない。三一種類あるアイスクリームの存在を知ると、今度はそれを食べたいと言い出すようになるのです。

**池上** (笑)。

**佐藤** ソ連時代のアイスクリームは、基本的に三種類だけでした。しかし三一種類もあると知れば、それを食べたくなるのが人間というものでしょう。

私にそう教えてくれたのは、ロシア共産党の第二書記だったイリインという人物です。彼はソ連崩壊時、軟禁されたゴルバチョフがクリミアで生きているという情報を直接私に伝えてくれた人なんです。

崩壊後、その彼としんみり一緒に酒を飲んだとき、「なぜソ連は崩壊したと思う?」と聞かれたんです。民族問題か、あるいはゴルバチョフの失政かと答えたら「そうじゃない。『サーティワンアイスクリーム』だよ」と。

人間の欲望には際限がない。別にソ連製の三種類のアイスクリームでも十分だったのに、「サーティワンアイスクリーム」が入ってきたらコーンの上に二つ載せたくなるんだと。三一×三一種類を試してみたくなるものだと。これにソ連は勝てなかったんだと言うんです。

**池上** なるほど、そうかもしれませんね。

## 敗れても矜持を失わなかった共産党幹部

**佐藤**　実はイリインは、私にとってたいへん印象深い人物なんです。ソ連崩壊の混乱の中で急進改革派のエリツィンが実権を握ると、守旧派の彼の立場は危うくなりました。でも新たに引っ越した先はロシア連邦政府の官舎で、そこにはエリツィンの家族もエリツィンの側近も住んでいた。しかし敷地内ですれ違うと、ちゃんと挨拶していたそうです。「俺たちは大人だから」という理由で。

そういう関係だから、彼はエリツィンにすり寄ったり、復権を願い出たりすることもできたはずです。しかし、彼はそうしなかった。その代わり、ロシア共産党中央委員会に勤務していた運転手、タイピスト、電話交換手などの再就職を依頼したそうです。我々は理念の問題で対立したが、テクニカルスタッフに責任はないからと。エリツィン側もそれは受け入れた。

それを聞いたとき、私はこの国は底力があるなと思いましたね。きちんと筋を通す一方で、余計な対立はせず、弱い立場にいる人については懸命に守る。こういう人が国家を支えているんだなと。

**池上**　底力であり、ロシア人の懐の深さのようなものを感じますね。

**佐藤**　イリインは、混乱のさなかでもう一つ、重要な情報を個人的に教えてくれたんです。守旧派のクーデター（「八月クーデーター」。本書一八二頁参照）でゴルバチョフが軟禁された二日後、イリインに会ったらこう言うんです。

「我々がやろうとしたペレストロイカはソ連体制の存続のためであって、ソ連体制の崩壊のためではない。ゴルバチョフを除去することで、ペレストロイカの継続をしようと考えている」と。

それから、いろいろな書き込みがあるソ連共産党・非常事態国家委員会の声明文を見せてくれた。「明日の『ソビエツカヤ・ロシア』(ロシア共産党中央委員会機関紙)にこれが掲載されれば、我々は勝利する。しかし民主化の策動を許してしまったから、今はどうなるかわからない」と言いながらね。

つまり、クーデターがうまくいっていないということを教えてくれたわけです。結局、その声明文は掲載されませんでした。これはその時点で日本政府もアメリカ政府も持っていない、非常に貴重な情報でした。

後日、私はイリインに「なぜあのとき、重要な秘密を打ち明けてくれたんですか」と尋ねたことがあります。彼によれば、人間は二種類いるという。自分の主義主張に沿って行動できる人間と、主義主張を自分の出世や方便のために使う人間だと。それで、「あなたは前者だと思った」と言うんです。

さらに、「危険な状況に追い込まれている人間には、真実を誰かに伝えておきたいという欲望が生まれる。私の場合は、それがたまたまあなただった」とも語ってくれました。信頼されていると感じて、すごく嬉しかったですね。

でも結局、後にイリインはアルコール依存症になって、ほとんど自殺のような感じで事故死するんですけどね。

**池上**　窮地に追い込まれたときこそ、人間は本性が見えるものですからね。

**佐藤**　だから彼の立ち振る舞いを見て、自分もこうなりたいと思いました。特に逮捕されたときには、勝ち負けに関係なく、とにかく筋を通す人間でなければならないと。そうすれば自分自身も納得できるし、他者からも信頼されると考えました。

そういうことを学べたという意味でも、やはりロシアは面白いですよ。一方、日本のいろいろな政争も見てきましたが、どうも政治家にも官僚の世界にもこういう人間的なドラマは少ないですね。

ロシアがもっとわかるキーワード④

## 「八月クーデター」

一九九一年八月に起きた、ソ連とソ連共産党の崩壊のきっかけとなった事件。発端は、ソ連のゴルバチョフ大統領が推し進めてきた「新連邦条約」にある。独立の動きを見せるバルト三国をはじめ複数の共和国を連邦につなぎ止めるため、それぞれの国の自治と権限を大幅に認める内容だ。

しかし、それによってソ連が解体に向かうと考えたヤナーエフ副大統領など守旧派のグループは、条約調印前日にクリミア半島の別荘に滞在していたゴルバチョフを軟禁。同時にメディアを通じて「ゴルバチョフは健康上の理由で職務を遂行できなくなった」として、ヤナーエフが大統領代行に就任して権力を掌握したと発表した。

それに対し、ロシア共和国大統領だったエリツィンが市民に反対を呼びかけ、軍の大半もそれに賛同したため、クーデターは三日で収束。ヤナーエフらは全員逮捕された。

だがその直後、ゴルバチョフは共産党書記長を辞任し、さらに共産党の解党も宣言。また同年一二月には大統領職も辞任した。これを機に、バルト三国をはじめ共和国の各国が完全独立を宣言し、ソビエト連邦は解体に向かうことになる。

# 4章

# 独裁化する国家権力

## ロシアなくしてトランプ大統領なし

### なぜトランプはロシアと接触したのか

**佐藤** トランプ大統領が誕生する半年ほど前、池上さんは全米各地を取材されていましたね。それからメキシコの国境地帯に行って「ヒスパニックの移民の中にはトランプを歓迎している連中もいる」という情報を聞き出したり。たぶん池上さんがあれをやらなければ、日本でのトランプの関心はもっと薄かったと思います。

**池上** いやいや、それは過大評価ですよ。

**佐藤** いやいや、歴史における個人の役割とはこういうものです。

**池上** それはともかく（笑）、二〇一八年二月にトランプ政権の暴露本『炎と怒り』※の日本語版が早川書房から出ましたね。私はその解説を書いたのですが。

**佐藤** 「ジャバンカ」のところが一番面白かった。

**池上** そうですね。大統領の娘婿夫婦のイバンカとジャレッドを揶揄した合成語ですよね。

そもそも、なぜトランプは選挙期間中にロシアと接触したのか。後に大統領になるとすれば、それが後で問題になることは明らかです。

それは、むしろ当選するわけがないと思っていたから。ただし、ヒラリーに肉薄はしたい。

僅差で負けたことになれば、今後に展望が持てますからね。だから、ある程度追いつくためにロシアと接触した。本当に大統領になる気があるなら、そんなやばいことに手を出すはずがないんです。

**佐藤**　あれを読むと、奥さんの昔のヌードの話が出てきますね。

**池上**　そうそう。びっくりしました。奥さんのメラニアは、独身時代にヌードモデルをやっていた。その写真が選挙期間中にタブロイド紙に出たんですよ。

**佐藤**　そうしたら、メラニアはトランプに「大統領なんてやめてくれ」と泣きついた。私は絶対にファーストレディーになれないし、大スキャンダルになると。それに対してトランプは「心配ない、絶対当選しない」って。

**池上**　そう（笑）。なので、トランプが当選確実になったとたん、メラニアは悲しみの涙を流す。「大統領にならないって言ってたじゃない」と。

**佐藤**　今、世界でいかに漫画みたいなことが起きているのかということですね。

※『炎と怒り　トランプ政権の内幕』　ジャーナリストのマイケル・ウォルフが、二〇〇件以上の関係者取材をもとに執筆。アメリカでは発売から二週間足らずで全米一七〇万部のベストセラーに。

## トランプはロシアに弱みを握られている

**佐藤**　トランプのロシア疑惑というのは、思ったよりも深刻なようですよ。それについて二〇一八年三月に『共謀　トランプとロシアをつなぐ黒い人脈とカネ』（集英社）という面白い本が出ました。

**池上**　そうそう、出ましたよね。

**佐藤**　あれは本当に丁寧によく調べている。トランプのロシアにおけるスキャンダルはいわゆる「黄金シャワー」だけではなく、トランプのカネ自体が一九八〇年代からかなりロシアで作られていた。マフィアとの関係も相当深くて。トランプタワーが彼らの逃げ場になっていたと。それからマネーロンダリングでもトランプの会社が使われていたと。

これはもはやインテリジェンスの話ではなく、クリミナルの話ですよ（笑）。ＩＣＰＯ（国際刑事警察機構）の出番です。だからトランプとしては、ロシア疑惑の蓋は絶対に開いてもらったら困る。言い換えるなら、こういう腐敗したネットワークの中心にロシアがあるわけです。

**池上**　たしかにトランプの、あのロシアに対する気の遣い方はすごいですよね。とにかく反ロシアにならないように、ならないようにと。

**佐藤**　これはもう弱みを握られている人間の典型ですね。弱みというのは本人がそう思うから

プーチン露大統領とトランプ米大統領（2018年7月16日、ヘルシンキで行われた米露首脳会談）

弱みになるわけで、ロシア側はますますそこにつけ込んでくるでしょう。

**池上**　そうですよね。だからプーチンが大統領に当選したとき、トランプの周りの連中は絶対に電話しちゃいけないと忠告したのに、トランプはそれを振り切ってプーチンに「当選おめでとう」と言っている。

しかもその当時、ちょうどイギリスでロシアのスパイの暗殺未遂事件があったのに（ノビチョク事件。本書二五五頁）、そのことには一切触れなかった。安倍首相でさえちょっと形式的に触れたのに。本当に弱みを握られている典型ですよね。それほどトランプはプーチンに頭が上がらないんだなとわかりましたよ。

**佐藤**　ロシアという鏡に照らしてみると、各国首脳の正体が意外に透けて見えるんです。

対等に渡り合うことができるタイプか、あるいは単なる小心者に過ぎないかがわかります。

## トランプ政権の反知性主義

**池上**　二〇一六年、トランプが共和党の大統領候補に決まる前、共和党にはトランプ以外に一六人の候補がいた。しかしトランプがそれを次々と撃破していったわけです。しかもあの下品なやり方だったので、共和党のまともな連中ほどトランプと距離を置いた。仮に共和党政権が誕生しても、それには協力しないと署名をしたんです。

だから、まともな連中は政権に入っていない。トランプも根に持つから、彼らを入れようとはしません。となると人材が圧倒的に不足する。しかもトランプはそもそも政治の世界にいたことがないので、誰を起用していいかまったくわからないわけです。そこで自分の不動産仲間や石油業界の仲間に「誰かいいヤツいないか」と尋ねて、推薦された人間をそのままポストに就けて、それでとんでもないことになっている。

**佐藤**　『共謀』では、その部分はもう少し陰険に見ています。一九八〇年代から築いてきたロシアネットワークの連中で固めていると。元大統領補佐官のフリンにしても、元国務長官のティラーソンにしてもそう。

**池上**　言ってみれば、安倍政権によるＮＨＫの会長人事と構図が似ていますね。政権の言うことを聞かない松本正之会長を無理矢理辞めさせたはいいが、後任の人材がなかなか見つからない。そうしたら麻生副総理が「そういえば俺の地元に籾井勝人《もみいかつと》とかいうヤツがいる」と。経歴も「三井物産の元副社長」で申し分ない。ならば籾井でいいと就任させたら、次々と問題を起こして……。

**佐藤**　そう、似ていますね。あるいは田中眞紀子が外相時代、外務省改革と称して作った諮問会議も似ています。

**池上**　別に素人が大統領になってはいけないということはないですよね。過去にもジミー・カーターなど、素人が突然就任するケースは何回もありましたからね。むしろ、素人ならではのよさもある。ただし、周囲に優秀なブレーンがいる・いないかでえらい違いがあります。

**佐藤**　でもトランプの周りに優秀なブレーンがいたら、たぶん金正恩との首脳会談まではできなかったと思うんですよ。あるいはエルサレムへの大使館の移転も、イラン核合意からの離脱もできなかったでしょう。

**池上**　そのとおりです。

**佐藤**　物事を変化させるには、優秀なブレーンを置かないほうがいいかもしれない。まさに反知性主義の強さです。

**池上**　つまりトランプを支持しているのは、主に鉄鋼産業や石炭産業の白人労働者たちです。

彼らは基本的に非常に貧しくて、これまで政治にもまったく関心を持っていなかった。しかしトランプという異色の候補者が現れて、何か世の中を変えてくれるんじゃないかと期待したんです。自分たちはもうこれ以上落ちようがないから、とにかく変わったほうが面白いと。そしてそのとおり、変わりつつあるということですよ。

二〇一八年一一月六日（現地時間）にアメリカで中間選挙が行われました。これは、大統領の四年の任期の中間の年に実施されるため、大統領や与党の評価を問う「国民による審判」と位置づけされるものです。

その結果、上院は共和党が二議席増えて過半数を維持した。もともと改選議席は前回民主党が取り過ぎていたので、「共和党が勝った」と言えるほどではない。これに対して下院は民主党が躍進して過半数を取った。上院と下院で「ねじれ」が生じました。

## アメリカ人は病的

**佐藤**　ちょっと余談ですが、アメリカには妙なB級映画がたくさんあります。例えば「レッド・ドーン」という作品も面白い。北朝鮮がアメリカを全面的に占領する話なんです。

**池上**　それはすごい（笑）。

**佐藤**　北朝鮮の空挺部隊がアメリカに降りてきて、ものすごく残虐な統治をする。それで新しいアメリカ国旗が制定されるのですが、星条旗の中央に北朝鮮労働党の党章のようなものがデザインされているんです。結局、アメリカの若者がレジスタンスを作り、解放に導いていくんですけどね。

**池上**　なるほど。そういえば少し前、イギリスのBBCが「SS－GB」という連続ドラマを放送していましたね。これはイギリスがナチスドイツに占領され、レジスタンスを繰り広げるというフィクションでしたが。

あるいは昔、東西冷戦時代には、ソ連によってアメリカが占領されるという、「アメリカ」というタイトルの小説がありました。こちらはアメリカ（America）の「C」の文字がロシア語風の「K」になって（Amerika）いましたけどね（笑）。

**佐藤**　いずれにせよ、こういう作品を作ってしまうアメリカ人というのは、病的だと思いますね。

## トランプ政権&安倍政権の登場の背景に、ソ連の崩壊あり

### 共産主義革命の脅威が消えた!

**池上**　ではなぜ今、アメリカではトランプ、日本では安倍さんのような、ある意味で異質なリーダーが登場してきたのかということですよ。

**佐藤**　その背景には、ソ連の崩壊があると思います。共産党革命が起きないという安心感ですよ。もし東西冷戦期にトランプや安倍さんのようなリーダーが登場したら、反動で共産化するという恐怖が常につきまとうわけです。

**池上**　例えば集団的自衛権の容認にしても、SEALDs(シールズ)のような集団がデモをやったりしましたが、あの程度の抵抗だけだった。それ以上の脅威はなかったですからね。

**佐藤**　集団的自衛権の容認について言うと、実はあの内容は滅茶苦茶で使いものにならないんです。結局、公明党との間で均衡点を選ぶことになるので、欠陥品でしかない。その構図は、安倍首相が二〇一五年に発表した「戦後七〇年談話」と同じ。あれだけ鳴り物入りで作ったのに、今や言及すらしないでしょ。もう見たくもないのでしょう。あるいは安保法制もそうです。

**池上**　そうですね。

**佐藤**　それから消費税の軽減税率にしても、安倍政権は入れたくなかったはずです。だから当

初は、マイナンバーを使った「日本版軽減税率」を提案していた。ところが公明党にそっぽを向かれたため、ただちに軽減税率を導入する形に変更しましたね。つまり、とても政策とは呼べないんですよ。

それに消費増税自体、やると言ってやらずに延期した。さらに増税分の使い道の変更を争点にして解散総選挙に踏み切っている。その変更も、もともとは当時の民進党の前原誠司さんが言っていたことをパクっただけですからね。もうやっていることが全部滅茶苦茶なんですよ。

それでもかまわないと思っているのは、もう共産主義革命は起きないという確信があるからでしょう。その姿勢はワーディングにも表れています。「働き方改革」とか「生産性革命」とか「人づくり革命」とか、やたらと「革命」という言葉を多用するでしょ。ふつう、保守政党ならこんなことは言わないですよ。「革命」にプラスのイメージを付与すると、本当に革命が起きる可能性があるから。

**池上**　たしかにあり得ないですよね。保守は革命をしちゃいけないんですよ（笑）。

**佐藤**　ちょっと穿《うが》った見方をすると、実は共産党以外にも、「革命」に抵抗感を持たない政党がありますからね。あの政党の支持母体である宗教団体が「人間革命」を目標にしている。あの政党は与党ながら「革命」に文句をつけないわけですよ。おそらく「人づくり革命」も「人間革命」の一環ということになるのでしょう。

池上　なるほど、そう考えることもできますね。
佐藤　重要なところで全部あの政党が出てくるわけですよ。逆に言うと、公明党だけを見ていれば、権力がどこに向かっているかがだいたいわかるんです。

## 資本主義に介入する安倍政権

池上　前にも話しましたが、ソ連という存在が国家独占資本主義の概念を生み出したわけですよね。資本主義の発展段階で、独占資本が現れたとき、国家がそれを守るために経済に介入する。そのためには労働者の権利を弾圧することもありますと。いわば暴力装置としての国家のあり方ですね。

経済に介入するという意味では、安倍政権も国家独占資本主義に近い気がします。ただし労働者を弾圧するというより、経営側に注文をつけている。毎年春闘の時期になると、安倍首相は経団連に対して「給料を上げろ」と要請していますよね。しかしこれは本来、労働組合がやることだったはずです。
佐藤　本来、資本家の職業的良心は、会社経営を少しでも合理化・効率化して、利潤率を高めていくことにあるはずなんです。ところが、政権がそこに暴力的に介入して賃上げを要求している。

それは一九九〇年までの理屈でいえば、まさに国家独占資本主義論で説明できました。社会主義革命を阻止するためという合理的な理由が成り立ったわけです。ところが今や、それは成り立たない。ではなぜ要求しているのか、実はよくわからないんです。東洋の神秘としか言いようがない（笑）。

**池上**　実は安倍政権こそ左翼ではないかという（笑）。

**佐藤**　左翼・右翼の本来の意味をフランス革命に立ち返って考えてみると、議長席から左側に座っているのが左翼ですよね。彼らは理性を信用し、完全情報があれば真理は一つであると信じている。

裏返していえば、制度の設計・構築で社会はよくなるはずということです。理想的な憲法を作れば日本人はよくなるし、道徳教育を行えば道徳性が高まるというのが、典型的な左翼的思想ですね。そこには、「ゆとり」とか「伸びしろ」という発想が存在しないんです。

**池上**　まさに安倍首相の言動のいろいろなところに、そういう左翼的な発想が見え隠れしますよね。

**佐藤**　そう、非常に狭い範囲の合理主義。それは最終的に不条理な結果を導くことになりますけどね。

**池上**　自分が長期政権を維持するためには、国民の不満を吸収する必要がある。そこで経営側に対して給料を上げろ、「働き方改革」をしろ、無理な働き方をさせるなと。ただし、あまり労働者の味方をすると、今度は経営側から不満が出るおそれがある。そこで「ホワイトカラーエグゼンプション」、いわゆる「残業代ゼロ」の方針を打ち出してバーター取引に持ち込もうとしている。国家が資本主義に命令をするという、新しいタイプの国家独占資本主義だなと思いますね。

**佐藤**　本当にそう思いますよ。別の言い方をすると、アクセルとブレーキを同時に踏んでいるわけですよね。そうするとスピードは同じでも、エンジンに余計な負担がかかって燃費が悪くなるはずです。

**池上**　そういうことですよね。

**佐藤**　下手をするとブレーキパッドが擦り切れるかもしれない。結局どこを見ているか全然わからないんです。文法によっては解明できない。何か不可思議な原理で動いているんですよね。

**池上**　研究対象としては面白いですけどね（笑）。

## 安倍政権は積極的に嘘をつく

**佐藤**　それに本来、政府というものは約束をしたら守らないといけないはずなんです。ところが安倍政権は、約束はしたが守るとは約束していないという、ある種のメタ論理を多発させていますね。約束をまったくしないよりは、したほうがいい。多少なりとも構想力はあるということになるのでね。しかし、約束するたびに今回は守るかどうかわからないとなると、ゲームは非常に複雑になるんですよ。

それから政府には、国民に嘘をついてはいけないという前提もありました。すべてを語らずに国民をミスリードすることはありましたが、積極的な嘘は一応つかないことになっていたはずです。ところがこの政権の政治家や官僚は、平気で積極的な嘘をつきますからね。

加えて公務員にとって重要なのは、記憶力のはずです。記憶力が悪いと、国家公務員試験にも受からないですからね。ところが昨今は、なぜかひどく記憶力の悪い官僚がたくさんいる。

**池上**　たくさんいますね。ただし「安倍首相には報告していない」という記憶だけははっきりしてますけどね（笑）。

**佐藤**　記憶力がまだらなんです。不思議ですよね。

**池上**　そのくせ官僚はやっぱり堂々と嘘をつけないから、「私の記憶する限りでは」っていう前提条件をつけたがる。だからますますバレてしまうという。

**佐藤**　それはそうですよね。やっぱり稲田朋美さんのように言い切らないとダメですよ。たとえ弁護人として裁判に出ていても、「面識はありません」とか（笑）。

**池上**　そう、あれはすごかったね。

## トランプは「重金主義」か

**池上** 一方、トランプは約束をすべて守ろうとしています。大使館をエルサレムに移転するのも、パリ協定からの離脱も、ＴＰＰからの離脱もすべて選挙中に掲げた公約ですから（笑）。

**佐藤** トランプというのは規格外の人間ですよね。例えば鉄鋼・アルミニウムの関税の導入にしても、日本の官僚たちや政治家たちは絶対にないと思っていたんです。なぜなら安保の関係があるし、何より技術的な隘路《あいろ》があるから。アメリカでは、薄い鉄板を作れないんですよね。だから日本からの輸入に関税をかけると、アメリカの自動車産業がマイナスになるんです。

**池上** そうですよね。

**佐藤** ところが導入した。トランプの発想は単純です。日米間には貿易不均衡があって、アメリカは赤字だと。だから関税をかけろと。それだけなんですよ。一方、オーストラリアやニュージーランドとの貿易は黒字だから何もしないでいいと。

問題は日本側の対処です。今、ＷＴＯにいろいろ働きかけて、アメリカの関税を撤回してもらおうとしているでしょ。しかしそれでは、おそろしい未来が待っているだけです。仮にアメリカが譲歩して関税を撤回した場合、「その代わりＦＴＡ（自由貿易協定）を結んでアメリカの農産物を大量に買え」と要求してくる可能性が高い。

**池上** 来ますね、間違いなく。

**佐藤**　そうすると結果的に、アメリカにとってマイナスはないんです。鉄鋼の関税で譲歩することは、アメリカの自動車産業にとってプラスです。実は譲歩でも何でもない。しかも農産物については、日本に市場開放を迫ることができる。

だから鉄鋼の関税については、日本は布団をかぶって寝ていればいい話なんです。そうするとアメリカ側から折れざるを得ないので。

でもやっぱりトランプはすごいですよ。こういう交渉を吹っかけることができるんですから。

**池上**　アルミだってそうですよ。アメリカのアルミ産業は小さいので、質のいいアルミを作れない。缶ビールのアルミ缶もうまくできないんですよ。だから関税をかけると、缶ビールの値段が上がるんです。トランプの支持層である白人のビール大好きな連中が、さすがに黙っていないでしょう。

**佐藤**　だから不思議な人なんですよ。

**池上**　しかし公約は守ったと（笑）。

だから経済学でいうと、トランプの政策は現代版重商主義のような気がするんです。とにかく海外にモノを輸出して黒字を出しさえすれば国は豊かになる、という考えですね。しかし、これをすでにアダム・スミスが『国富論』の中で批判しています。自由な貿易をすることにより、それぞれの国の国民は豊かになるのだと。

その意味では、トランプの政策はアダム・スミス以前ともいえますよね。

**佐藤**　もしかしたら、重商主義以前の「重金主義」かもしれない。要するに、結果として黄金の量が増えれば増えるほどいいと。だから極力輸出をして、輸入はしないと。

**池上**　そう、それですね（笑）。

**佐藤**　経済史を振り返っても、重金主義から重商主義に行くまではけっこうハードルが高かったですからね。モノよりも金が大事だと。それが変わったのは、バランスシートという発想ができるようになってからです。

でもトランプの場合、経済をフローで考えることができるのか否か、非常に怪しいですよね。全部ストックで考えているかもしれないですよ。

**池上**　その可能性はあります。もともと不動産業で、うまくいかなかったら裁判所に駆け込んで、借金を全部チャラにしてもらうということを何度もやってきた人ですから。その意味では企業経営者というより、いかに法律を使って自分に利益をもたらすかというネゴシエーターに近いでしょう。

# 国家の暴走は誰にも止められない

## 独裁を支える過剰なナルシシズム

**佐藤**　歴史を振り返ってみても、激動期になるとやはりトランプのような人物って出てくるんですよ。ある意味で独裁者風ですが、彼らには共通する特徴がある。フランスの歴史人口学者エマニュエル・トッド※が著書『デモクラシー以後』（藤原書店）の中でサルコジ批判を繰り広げながら説いていることですが、「ナルシシズムの政治」であるということです。これが反知性主義とも結びつき、デモクラシー以後の政治の鍵になっていると。たしかにトランプのナルシシズムも過剰ですよね。

**池上**　ものすごく過剰です。

**佐藤**　だからナルシシズムと独裁が結びつくというのが、フランス型のサルコジ現象で出てきた特徴であり、アメリカ型の独裁でもあると思うんですよ。

**池上**　悪い意味での中小企業のオヤジなんですよね。絶対的な力を持ち、周りはそれに従うしかないという。

※　トッド、エマニュエル　一九五一年～。七六年の著書『最後の転落』でソ連の崩壊を予言。また同時多発テロ後の二〇〇二年に著した『帝国以後』は世界的ベストセラーに。「現代世界最高の知性」とも称される。

**佐藤**　そうですね。トランプも基本的にはホテルのオーナー止まりのはずなんですよ。それが一国の大統領になってしまった。

**池上**　そう、トランプタワーまでだったんですよね。

**佐藤**　だから『炎と怒り』にあるように、誰も当選を期待してなかった。むしろ敗北することに利益を見出していたのに、当選しそうになって全員がうろたえた（笑）。

**池上**　そうなんですよ。こんなはずじゃなかったと。

**佐藤**　しかし開票が終わるころまでに、トランプだけは変貌していた。自分には使命があると。

**池上**　そう。すっかり自信を持っていた。ナルシシズムだから。

## ブレーンを家族で固める危うさ

**池上**　中小企業の場合、後継者をどうするかとなると、とりあえずは息子、息子がいなければ娘婿というのが一般的ですよね。

それと同じことを、合衆国大統領のトランプがやっているわけです。しかし長く独裁政権を維持してきたジンバブエのムガベ前大統領は、自分の後妻を副大統領に据えようとして国民の反発を買い、ついには政権交代に至るわけですよね。あるいは隣の南アフリカでも、長期独裁を敷いてきたズマ大統領が汚職で糾弾され、さらに後継に元妻を据えようとしたことで反発を招き、やはり辞任に追い込まれています。身内を後継にしようとすると、いろいろな問題が起きるんです。

　ではトランプ政権はどうか。三人の奥さんとの間にそれぞれ子どもがいるわけですが、息子はトランプが長く経営していたトランプ・オーガナイゼーションの後を継ぎ、娘のイバンカは大統領補佐官に、娘婿のクシュナーは大統領上級顧問に就いています。ほんとに家族でスタッフを固めているわけで。

**佐藤**　これには既視感があります。エリツィン大統領もそうでした。大統領府のユマシェフ長官は次女タチアナ・ディアチェンコの愛人でした。後に結婚しますけどね。それで次女は補佐官になっている。

**池上**　たしかに構図は似ていますよね。そういえばケネディ大統領も、実弟のロバート・ケネディを司法長官に据えています。当時は叩かれていましたけど。

**佐藤**　でもロバート・ケネディは能力がありましたからね。それに比べ、イバンカにはたして能力はあるのか。

**池上**　疑問符しか浮かびません。クシュナーも同じ。典型的なわがまま娘とその夫でしかないですね。これは独裁の一つのパターンです。悪い意味での中小企業のオヤジみたいな人物が、家族経営ですべて取り仕切ろうとするという。

**佐藤**　それは別の言い方をするなら、民主主義的な政治体制における権力の簒奪《さんだつ》なんです。それが容認されているところに問題がある。
程度は違いますが、同じことは日本でも起きていますよね。例えば安倍昭恵さんの話にしても、加計学園の問題にしても、森友学園の問題にしても、総理のお友だちのための権力の簒奪なんですよ。要は総理との物理的な距離関係で決まるわけです。
おそらく、日本は議院内閣制だからまだ歯止めがかかっていると思うんですよ。もし大統領制だったら、今の安倍政権はトランプ政権と似たような状態になる可能性は十分にあるでしょう。
**池上**　ありますね。
**佐藤**　それを考えると、習近平やプーチンというのは、かなり自己抑制が利いているということですよね。

## 制御システムも、閾値を超えると機能しない

**池上**　そうですよね。やろうと思えばいろいろできるわけで。アメリカの大統領制も、これまでは知性のある者が大統領になることを前提にしていて、それなりの自己抑制が利くと考えられてきた。だからトランプのような人物が就任すると、逆に何でもできてしまうわけですね。

あるいは日本の議院内閣制でも、総理大臣（首相）はすべてを内閣で決めなければいけないから、総理大臣だけでは何もできないと考えられてきた。しかしそれは、歴代の総理が権力を抑制的に使おうとしてきただけに過ぎない。その気になれば何でもできるということを示したのが安倍総理ですよね。

**佐藤**　そのとおりです。

**池上**　例えば事務次官をはじめ、逆らう役人をみんな替えちゃうわけでしょ。もはや議院内閣制という制御システムが機能していない。

**佐藤**　どんな制御システムも、閾値《いきち》を超えるようなことをすると働きませんからね。

**池上**　本来なら、総理大臣が勝手なことをしようとすると、与野党の対立構造が生まれて、それが抑止力になるはずなんですけどね。

**佐藤**　だいたい議院内閣制というのは、一人の総理が五年以上も続けることは想定していませんよね。しかし安倍さんは、これからさらに続投するわけでしょ。

世間では日大アメリカンフットボール部とか、日本ボクシング連盟とかの問題が取り沙汰されましたが、同じような雰囲気になっていますよね。総理大臣も、ああいう専制ができてしまうのでしょう。

**池上**　本来、スポーツにも政治にもルールがあるはずなんですけどね。それをいとも簡単にねじ曲げてしまった。

**佐藤**　やはりそのあたり、相似形ですよね。

## 民主主義の中にも独裁の要素がある

**佐藤**　ただし権力者の専制といっても、今や恐怖政治はあり得ないですよね。そういう権力者の登場を、民衆がある程度是認しているということです。社会の変動が激しいので、意思決定の時間の長さに耐えられない。それならいっそ独裁者のほうが都合がいいということなんでしょう。

その意味で、独裁の反対語はけっして民主主義ではないですよね。プロレタリア独裁にしても、多数派によって少数のとんでもないヤツを抑えつけることです。つまり民主主義の発想に近い。民主主義とは、要するに多数派の独裁ということでしょう?

**池上**　そういうことです。

**佐藤**　ところが、民主主義の中に独裁の要素があるということは軽視されていると思うんです。辺野古の問題はその典型ですよね。沖縄県の人口は全国の一%しかないから、九九%による独裁が成立してしまっているわけです。

**池上**　それで言うとね、二〇一八年五月、テレビ番組の取材で香港に行ってきたんです。香港返還から二〇年を経て、返還とは何だったのかを見つめようという企画でね。それであらためて思ったのですが、香港って民主主義はないが自由はあるんですよね。自分たちの代表を選ぶことができないという意味では、民主主義がない。しかし言論の自由も報道の自由も商売の自由も、ありとあらゆる自由がある。だから人々は幸せなんですよ。

**佐藤**　そうか、政治的自由もあるわけですね。表現の自由もあるし。

**池上**　すでに返還前のイギリス統治下において、自分たちの代表を選ぶ仕組みは認めなかったのですが、それ以外は何でも認めていた。だから今でも中国共産党批判の本がたくさん出ているし、デモでも集会でもできる。行政長官は中国共産党の言いなりなんですけどね。

**佐藤**　ソ連にも言論の自由はありましたが、自由を行使するには責任が伴った（笑）。その責任の度合いが、欧米資本主義国よりかなり厳しかったということです。

ソ連型民主主義を理解するときに重要なのは、「社会の要請（ソッツザカース＝ソツィアーリヌィー・ザカース）」という独自の概念があったということです。真の民意が社会を形成しており、それに反する人々は、自ずから社会によって断罪されるという考え方です。ソ連共産党やソ連政府は、「社会の要請に応えて活動する」という擬制です。だから、国外追放になった作家のソルジェニーツィンや国内流刑された物理学者のサハロフ博士に対しても、社会が許さないので、共産党や政府が厳しい措置を取らざるを得ないという建前になっていた。

おそろしいのは、この建前を本気で信じ、自発的にソルジェニーツィンやサハロフを非難する一般国民が大多数だったということです。知識人は異分子に対して寛容でしたが、素朴な大衆が厳しかった。

**池上**　日本にも「社会的制裁」というのがありますよね。世間からひどく叩かれて、裁判で「すでに社会的制裁を受けており」として罪が軽くなったりすることがあるじゃないですか。

**佐藤**　そういえば私の判決文にもありました。「社会的制裁」というのが執行猶予の理由だったな（笑）。

**池上**　それこそ「社会の要請」でしょう（笑）。でも「社会的制裁」というのは面白くて、例えばＴＯＫＩＯの山口達也メンバーが不祥事を起こしたら、本人だけではなく、他のメンバー全員が謝罪したでしょ。本来、彼らは関係ないはずなんです。現場にいたわけでもないんですから。でも連帯責任を求めて、謝罪しないと許されないような空気を作ってしまう。

**佐藤**　連帯責任は無責任でもありますけどね。

ロシアがもっとわかるキーワード⑤

## 「ロシアゲート」

トランプ大統領の就任以来、一貫してつきまとうスキャンダル。二〇一六年の大統領選挙期間中、ロシアがトランプを勝たせるためにサイバー攻撃やSNSによるプロパガンダを行っていたという疑惑だ。その活動にトランプ政権がどこまで関与したかが大きな焦点となっている。

注目を集めたのが二〇一八年七月、ヘルシンキで行われた米露首脳会談と、その後の共同会見だ。トランプ大統領は会見の場で「ロシアが介入したとする理由は見当たらない」と発言。さらに記者から「プーチンと米情報機関のどちらを信用するのか」と問われ、「プーチン氏の否定はとても心強い」と回答した。一国のトップが自国の情報機関より他国のトップを信用すると述べたわけで、米国内では与野党問わず大きな非難が沸き上がった。

トランプは帰国と同時に前言を翻し、「ロシアが介入しなかったとする理由は見当たらない」と言うつもりだったと釈明。また「米情報機関を全面的に信頼している」とも述べている。

二〇一九年三月二四日、バー米司法長官は二〇一六年米大統領選へのロシア介入疑惑を巡る捜査でモラー特別検察官がトランプ陣営とロシアの共謀を認定しなかったと発表した。だがこれでトランプ大統領の潔白が断定したわけではない。疑惑の解明はこれからだ。

# 5章

# ソ連・ロシアの幻影を追う日本

## 日本は「三二年テーゼ」の呪縛から逃れられない

### 「天皇制」の原形を作ったのはコミンテルンだ

**佐藤**　「三二年テーゼ」[※1]という文書がありますね。

**池上**　一九三二年にコミンテルン[※2]が採択した、日本共産党の方針書ですよね。

**佐藤**　そうです。その中で、日本の支配構造として「独占資本主義」「地主的土地所有」に加えて、「絶対主義的天皇制」という特殊な制度があるとしているのですが、こういう言及がなければ、むしろ今日の天皇制はなかったと思うんです。

**池上**　と言いますと？

**佐藤**　戦前のマルクス主義者は「労農派」と「講座派」に二分されます。このうち労農派は社会主義革命を主張していたわけですが、社会主義革命ならば右翼も主張できます。「国家社会主義」や「純正社会主義」という形態もありますから。三一年一〇月には「錦旗革命事件」という、軍部によるクーデター未遂事件もありました。

一方、講座派は国体変更を目標に掲げ、民主革命を主張した。天皇制は暴虐であり、日本の特殊な型であるから、それを革命によって解体しなければならないと。そのベースになったのが、「三二年テーゼ」だった。

当然、特高（特別高等警察）は共産党員を弾圧するわけですが、実はその特高自体、「三二年テーゼ」をベースに取り調べをしているうちに、徐々にその構造を浸透させてしまったんです。

**池上**　なるほどねえ。つまりコミンテルンが「日本にある天皇制という特殊な制度を破壊しなければならない」と規定して、日本共産党はそれに従って動き出したと。

**佐藤**　そう。そしてその共産党を取り締まっている捜査当局にとって、「三二年テーゼ」はいわば自己成就予言のような存在になってしまった。マル暴の刑事が、だんだん暴力団のような雰囲気になることはよくありますよね。それとよく似てると思うんです。

そう考えると、実はロシアが日本に対してもっとも強い影響を及ぼし、そして今でも尾を引いているのは「三二年テーゼ」を起点にした天皇制かもしれません。

**池上**　面白い（笑）。

**佐藤**　そもそも「天皇制」というと、制度なので改編可能という前提があるはずです。だから共和制論客の左翼が「天皇制打倒」と表現するのは正しい。ところが自民党や右派が「天皇制擁護」と表現するのはおかしいですよね。

※1　三二年テーゼ　正式名称は「日本における情勢と日本共産党の任務に関する方針書」。
※2　コミンテルン　国際共産主義運動の指導組織。「第三インターナショナル」ともいう。一九一九〜一九四三年まで存在。

**池上**　彼らにとって天皇は制度ではないからね。

**佐藤**　そう。本来なら「皇統」「皇室」「国体」といった言葉を使わなければいけない。つまり「天皇制」と言ってしまうと、それはコミンテルンの枠組みなんです。あるいは安倍政権が「革命」を多発するのも、その影響かもしれません。

**池上**　だいたい敵によく似ると言いますよね。例えば二〇〇一年に同時多発テロが起きて以来、アメリカでは愛国者法という法律ができた。これによって、対テロの名目で盗聴でも何でもできるようになりました。言論や表現の自由、民主主義がどんどん蝕まれている気がします。さらにＣＩＡについては、海外活動における殺害実行も容認されている。それは結局、アメリカという国自体がどんどんテロリスト的な国家になっていくことを意味しますよね。

## 「日本特殊論」のルーツは講座派にあり

**佐藤**　天皇制だけではありません。戦後の「日本型経営」にしても、バブル期の「ジャパン・アズ・ナンバーワン」にしても、日本が特殊な存在であるという考えはいずれも講座派のフレームです。

あるいは第二次世界大戦後の農地解放自体、講座派を前提としていますよね。その意味ではアメリカの占領政策も、「三二年テーゼ」の影響を強く受けているんですよ。

**池上**　アメリカが日本を統治するとき、講座派の理論や「三二年テーゼ」を一生懸命研究したということですね。

**佐藤**　そういうことです。つまりアメリカも日本の当局も「三二年テーゼ」をベースにしながら改革を行った。だから余計、「三二年テーゼ」が正しいように見えてくるんですよね（笑）。

それは論壇やアカデミズムにも影響を与えていると思うんです。基本的には講座派が主流で、例えば最近なら白井聡さんの『国体論　菊と星条旗』（集英社新書）やその前の『永続敗戦論』（講談社＋α文庫）も、講座派の日本特殊論そのものです。やはり「三二年テーゼ」の呪縛から逃れていない。

**池上**　日本特殊論のルーツはそうですよね。

**佐藤**　だからこそ、そうではない言論が注目を集めるんです。例えばベストセラーになった呉座勇一さんの『応仁の乱』（中公新書）やその前の『戦争の日本中世史「下剋上」は本当にあったのか』（新潮選書）は、明らかに講座派に対する異議申し立ての視点で書かれています。その新しさが受けているのでしょう。

あるいは柄谷行人《からたにこうじん》さんが論客としてずっと影響を持ち続けているのも、数少ない労農派でアンチ講座派だからです。彼は宇野弘蔵[※1]や鈴木鴻一郎[※2]の系統にいて、ウォーラーステイン[※3]の「近代世界システム論」を前提にしているんですよね。

たしかに「三二年テーゼ」がなかったとして考えると、文明開化も大正デモクラシーも特殊な話ではなく、世界的に見られる普遍概念なんですよね。それを日本特殊論で見てしまうのは、「三二年テーゼ」をベースにしているから。

つまりソ連は、日本に構造的なオペレーティングシステムを埋め込んだといえるかもしれません。オペレーティングシステムだから、アプリを入れ替えても変わらないんですよ（笑）。

**池上** 我々は戦後教育の中で、例えば大日本帝国憲法にしても、前近代的で帝国主義的なとんでもない憲法だったと教えられてきましたよね。しかし冷静に見直してみると、立憲主義がちゃんと入っていて、天皇の権限も規定されています。当時としては、実はかなり進んだ憲法だったんです。それが遅れているというイメージになったのは、やはり講座派的な発想の影響でしょう。

**佐藤** それと、帝政ロシアのツァーリズムをそのまま重ね合わせたわけですね。

問題は、講座派の影響が我々の無意識のレベルにまで浸透していることです。だから何でも最終的には日本特殊論になってしまう。一部の有識者がそれに異を唱え、普遍的な価値観を提示しようとしても、かならず斥力《せきりょく》が働いて日本特殊論に引き戻されてしまうんです。

## 「日本人はすごい」ブームは戦前にも

### 一九三二年のネトウヨ本

**池上**　日本特殊論でいえば、かつて牛肉の輸出をめぐって日米が揉めたとき、たしか小渕首相だったと思うのですが、「日本人の腸は長いので、アメリカ人と違って牛肉をそれほど食べない」という特殊論を主張したことがありましたね。

**佐藤**　そう。日本人は日本特殊論が好きですからね。洗脳されていると言ってもいい。そういえば中山忠直ってご存じですか。戦前に報知新聞や毎日新聞で活躍した評論家で、『日本人の偉さの研究』という本を書いたんですよ。それによると、日本人が偉いのは、便器が和式なので足腰のバネの力があることだと。洋式の便器では座るだけなので、そうはならないと。

**池上**　その説は聞いたことがあります。日本人の足腰が弱くなったのは、欧米人の陰謀なんですな（笑）。

※１（２１５頁）　宇野弘蔵　一八九七～一九七七年。経済学者。マルクス経済学を原理論・段階論・現状分析の三段階論で再構築し独自の経済理論を構築したことで知られる。著書に『経済原論』など。
※２（２１５頁）　鈴木鴻一郎　一九一〇～一九八三年。経済学者。宇野弘蔵に学び、『マルクス経済学』を著した。後に鈴木理論と呼ばれる独自の経済理論を打ち立てる。著書に他に『経済学原理論』など。
※３（２１５頁）　ウォーラーステイン、イマニュエル　一九三〇年～。アメリカの社会学者、経済史家。近現代の世界システムを資本主義システムから理論構築した「近代世界システム論」で知られる。

**佐藤**　彼は今日のマクロビオティックの生みの親でもあるんです。肉と砂糖を食べるようになってから日本人は弱くなったと。これらを排除して摂取カロリーを減らせば、日本人はますます強くなると主張するわけです。

この本の第一章は「日本人の科学的才能は世界一」。それで「予は日本人の科学上の才能は、これを世界のドノ民族と比較して見ても、決して劣って居らず、むしろまさにその第一位を占むべき優秀なものであると信じてゐる」という書き出しで始まるんです。

**池上**　最近の本でもありそうですね。

**佐藤**　あるいはアメリカの変な調査結果を引っ張り出してきて、それによると日本人は世界の中で第二位以下ということになっているが、それは調査対象の一部に、中山の言葉をあえてそのまま用いますが、「低能児」を何人か入れたために平均値が低くなったんだとかね。まさに日本特殊論です。

この本の初版が出たのは一九三一年ですが、一九三〇年代末にはあらためて「戦時体制版」が刊行され、そこには新たに序文が書き加えられました。最初にこの本を出したときは、西洋思想にいかれている連中が多かったと。しかし世の中はだんだん正常になり、私の考えが主流になってきたと。一九三六年のベルリンオリンピックでみんな浮かれていたけれど、自分は当時からこの大会が「血のオリンピック」になり、やがて実際の戦争に結びつくと予告していた。

そのとおりになったじゃないかと。

**池上**　なるほど（笑）。

**佐藤**　当時、この本は大ブームになったんですよ。太平洋戦争に突入するのは、この二～三年後ですね。それで日本は破滅するわけです。昨今もヘイトスピーチとか、「日本はすごい」系の本がブームになっていますが、結局は『日本人の偉さの研究』の反復現象に過ぎないんですよね。

**池上**　今、この本の復刻版を出したら売れるんじゃない？　「『日本人の偉さの研究』の研究」のようなタイトルでね（笑）。ネトウヨが喜んで買うと思いますよ。

**佐藤**　怖いのは、こういう思想が無意識のうちに広がることです。意識的に「日本人はすごい」と言っているのなら、いくらでも矯正は可能なんです。無意識のうちに思い込んでしまっているとしたら、矯正できないですからね。

## 無意識に進む排外主義

**池上**　最近のテレビ番組でも、「日本人はすごい」系のものが多いですよね。外国人に出てもらって日本のすばらしさを褒め讃えてもらうとか。

あるいは最近の人気番組にテレビ東京の「池の水ぜんぶ抜く大作戦」というのがあるでしょ

う。最初は画期的で面白かったのですが、何回か見ているうちに鼻につくようになってきた。要するに「在来種を守ろう、外来種を退治しよう」という話の繰り返しなんです。ものすごく排外主義的だなと思ってね。たしかにブルーギルがこんなに増えてけしからんという気持ちもわかるんですが。

**佐藤** それがいつ、魚から人間に変わってもおかしくないですからね。

**池上** そうなんです。だいたい「在来種」と言っても、大昔から日本にいたとは限らないじゃないかと。何だか危険なんですよ。

**佐藤** 猫だって戦前から日本にいたのは尻尾が短いですからね。江戸時代の浮世絵を見ても、みんな短いんですよ。ところが占領軍が尻尾の長い猫を持ち込んだので、掛け合わさって今や長いほうが優勢になっている。野良猫のほとんどは尻尾が長いでしょ。

**池上** なるほど。早く〝外来種〟を排斥しないと(笑)。

**佐藤** そうすると国内の猫のほとんどを排斥することになる。

**池上** 危険な兆候がありますね。

**佐藤** 排外主義は本当に怖いですよ。

# 社会主義モデルという歯止めを失って

## 資本主義が行き過ぎるとソ連が魅力的に見える

**池上**　日本でも一時、ソ連の人気が高まった時期がありましたね。歌声喫茶が流行ったりして。ある種の理想を見ていたんでしょう。

**佐藤**　そうですね。よく見えないから、魅力的な空想を膨らませたのでしょう。だいたい歌声喫茶で歌われていたのは、ソ連の軍歌や軍国歌謡でしょ。日本の軍歌を否定する人たちが、こぞってソ連の軍国歌謡を歌っていた。このパラドックスはすごく面白いと思う。

でもこういうパラドックスって現代でもあります。例えば遺伝子組み換えの大豆というと、誰もが関心を持っていますよね。組み換えは嫌だと。しかし一方で、山中伸弥先生がｉＰＳ細胞でノーベル賞を取ったら誰もが絶賛する。しかしこれ、遺伝子組み換えという意味では同じことですよね。

**池上**　そのとおりですね。よく考えると不思議な話です。

それはともかく、我々にとってソ連やロシアは恐怖の対象でもあり、また理想郷でもあり、結局のところはよくわからないというのが正直なところですよね。

**佐藤**　なぜあの国があれだけ魅力的に見えて、その後はなぜスルーしてしまっているのか。実は日本の多数のインテリにとって、ソ連について語ることは、自身の恥ずかしい過去を振り返ることに近いからだと思うんですよね。しかし、恥ずかしくても過去を見なければ、同じ過ちを繰り返すだけです。

## 格差拡大でファシズムが台頭するおそれ

**佐藤**　今、日本では格差が拡大しているでしょ。それですごく怖いのは、ファシズムが出てくることです。

例えば賃金というのは、労働者と経営陣との賃金交渉で決まるというのが原則ですよね。ところが、その背後から暴力装置を持っている国家が出てきて、経営陣には「内部留保を吐き出せ」などと迫り、労働組合には「賃上げはここまでで我慢しろ」などと官製春闘を求める。これはファシズムそのもので、しかも持続可能性もないんです。

しかし、今の日本ではこういうものがふつうに受け入れられている。共産党系の全労連まで「内部留保を吐き出せ」とか言っていますよね。

**池上**　そうですね。例えば安倍政権が三％の賃上げをしろとか、内部留保を吐き出せと企業に迫るのは、国家が労働者のためにいろいろやるという意味で「国家労働者党」的なんです。その間に「社会主義」を入れれば、「国家社会主義労働者党」となる、これはナチスのことですからね。

**佐藤**　「国家」はいいイメージですよね、「社会主義」も当時はいいイメージ、「労働者」もいいイメージ。その三つを並べてものすごくいいイメージを作り出していますが、一種の雑炊のようなものでしかありません。安倍政権も行き詰まるのは時間の問題でしょう。どんなにレトリックを駆使しても、その本質は新自由主義ですからね。

だから格差問題は解決しないんです。例えば二〇一七年に出た山田昌弘さんの『底辺への競争　格差放置社会ニッポンの末路』（朝日新書）と、二〇一八年の荻原博子さんの『老前破産　年金支給70歳時代のお金サバイバル』（朝日新書）が衝撃的です。貧困の問題がたいへん危機的な状況であることがわかります。

特に『老前破産』は、むしろ若者に読んでもらいたい。貧困を理由とする大学退学者がどれぐらいいるか、教育を受けることがどれほど大変になっているか。

あるいは今、大手の出版社の編集者にしても、自分の子どもの教育かマイホームか、どちらかを諦めなきゃいけない状況です。たいてい教育を選ぶので、三〇代で家を買う編集者はすごく減っている。家を買うなら三五歳までにローンを組む必要がありますからね。

**池上**　なるほどねえ。

**佐藤**　以前、安藤美冬《みふゆ》さんが「ノマド※」という言葉を流行らせましたよね。彼女の概念によれば、それは遊牧民のようにあちこち動くというより、渋谷界隈しか動かないノマドなんです。実は教育でも同じことが起きていて、いわば「教育ノマド」なんです。学校群を調べて、いい公立学校のある地域を転々とする。子どもの教育だけはなんとかしようというわけです。

ところが荻原さんが断言するには、もはや子どもの教育はローンを組まないとできない。だからマイホームがあり、子どもにいい教育を受けさせ、ときどきレジャーに出かけるような、ごくふつうの生活を願うだけで「老前破産」するというわけです。

これは、社会が純粋な資本主義を志向すれば当たり前の現象です。その反動として、国家介入を求める声は大きくなるでしょう。しかしソ連が消滅し、社会主義のような強力な大国モデルがない状態で国家介入を求めても限界がある。すると、もっと極端な国家による統制を求める声が台頭してくるおそれがあります。それがファシズムです。

かつてソ連を過剰にすばらしい社会と信じていたのは、資本主義国の勤労大衆と農民でしたからね。

**池上**　そういうことですよね。

# 保守化する国民感情

## 混乱するくらいならプーチン&安倍のほうがマシ?

**池上**　日本では安倍政権が長く続いていますが、ロシアではプーチン政権がもっと長く続いていますね。先の大統領選挙でも予想どおり圧勝でした。両者の国民感情は少し似ている気がします。

**佐藤**　そうですね。二〇一八年三月に行われたロシアの大統領選挙は、ある意味で非常にわかりやすい結果でした。ロシアでは一九九〇年代は「混乱の九〇年代」と呼ばれています。ああいう時代には二度と戻りたくないから、社会を安定させたい。それには中産階級を作らないといけない。その試みは成功したんです。

ところがその結果、代議制民主主義の原理として、プロの政治家が台頭するようになった。意外に忘れられていることですが、ソ連政府というのはアマチュア政治家を奨励していたんです。全共闘や学園祭の実行委員と同じで、手を挙げた人が就任するシステムだったから。特に下級組織ほど、こういうソ連システムが浸透していました。だから議員は兼職が基本。国会議

※（223頁）ノマド　本来は「遊牧民」の意味。特定のオフィスではなく、Wi-Fi環境のあるカフェなどにPCなどを持ち込んで働く人を「ノマドワーカー」という。

員ですら、二つまでは地方議員と兼職できるというのがソ連時代のルールでした。

それに対し、政治はプロの政治家が行うということを徹底したのが、実はプーチン改革だったんです。その意味において、代議制民主主義を定着させたわけです。

ところがそうすると、選挙に行った後の国民は何をするか。政治に関心を向けないんです。それよりも、自分の欲望を追求する。ヘーゲルは市民社会（資本主義社会）を「欲望の王国」であると看破し、マルクスもそれを援用していますが、まさにそういう社会になったということです。

つまり国民の多くは経済活動または文化活動を優先する。その人たちは中産階級だから、政治には冷ややか。シニカルで批判的なんです。ただし経済がいい限りにおいては、現状を肯定する。それが基本的に二〇一四年までは続いていたんです。プーチン体制は、それまで中産階級の糾合に比較的成功していたということです。ごく一部の急進的な人を除いては。

ところが二〇一五年以降、プーチンに対する社会の不満がグッと強まってきました。というのも、クリミア併合によって欧米から経済制裁がかかり、それによって市民層の生活水準が落ちてきたからです。例えばデンマーク製の美味しいソーセージが入ってこない。フランスやオランダから美味しいトマトが入ってこない。

あるいは西側へ旅行に出かけてもあまり愉快ではない。だからコートダジュールに行く予定をソチやクリミアなどに変更したり。そうしたら値段は高いしサービスは悪いと。そういうところで政権に対する不満が高まっていたわけです。

しかし結局、先の大統領選挙では圧倒的多数がプーチンを支持しました。それは、混乱が嫌だからです。つまりは消極的選択なんですよね。他の候補者よりはまだマシだと。

**池上**　なるほど。ロシア国民がプーチンを支持しているのは、エリツィン時代のあの混乱が嫌だからですよね。

**佐藤**　実は日本も同じだと思うんです。財務省の佐川宣寿《のぶひさ》前理財局長が証人喚問された後※、共同通信の世論調査では内閣支持率がむしろ三・七％上がりましたよね。別に佐川前局長が洗いざらい話したとも思っていない、安倍政権がすばらしいとも思っていない。でも野党の体たらくを見ていると、混乱が起きるのは嫌だと。

その意味において、市民層も生活保守主義ですよね。これがプーチンを勝利させると同時に、安倍長期政権を成立させている。日本とロシアの民主主義観って似ていると思うんですよ。

**池上**　そうですよね。日本で安倍政権が支持されるのは、民主党政権時代のあの混乱が嫌だから。あくまでも消極的選択ということで（笑）。

※　佐川前理財局長の証人喚問　森友学園との土地取引に関する決裁文書を、財務省が改ざんした問題で喚問。しかし改ざんの経緯については証言を拒否し、政治家や官邸の関与については否定した。

**佐藤**　どちらがより嫌かという選択なんです。ロシアと同じ。

**池上**　なるほど、面白いねえ。

## 支持層の意識は「これ以上、転落したくない」

**佐藤**　佐川喚問後に安倍政権の支持率が上がるというのは、諸外国からは奇異に映るわけです。この国の民主主義は一体どのように機能しているのかと。それから新聞にしても、産経や読売も含めて、これで真相究明されたとは一言も言っていません。むしろ政権の責任は大きいと批判的に書いています。さらにその後、自衛隊の日報問題も出てきましたよね。ところが政権の支持率にはほとんど影響がないんです。

この国民感情は、サブカルによく表れている。二〇一七年の大晦日から元旦にかけて、大ヒットしたドラマ「逃げるは恥だが役に立つ」[※1]の全回を一挙に再放送したら、それなりの視聴率を稼いだんです。あるいはその前に「東京タラレバ娘」[※2]というドラマもあって、やはりヒットした。いずれもギリギリの生活をしている女性が主人公ですが、若い人を中心に圧倒的な共感を得たわけです。これは、中産階級の下のほうから転落していくおそれを感じているからでしょう。そういう人たちが、プーチン政権や安倍政権を支えている、やはり両国の民主主義は非常に似ていると思いますね。

**池上**　なるほど（笑）。そういえば先日も、また年金問題が浮上しましたよね。支給すべき金額を支給していなかったと。第一次安倍政権のときには、これが致命的になったわけですよね。同じことがまた起きて、本来ならみんながもっと怒っていいはずなのに、支持率に影響していない。これおそろしいですよ。

**佐藤**　それは予防接種のようなものだと思うんですよ。一回射っているから、次が来ても免疫ができて騒がない。軽症で済むんですよ（笑）。

**池上**　なるほど。南スーダン日報問題があったから、今回のイラクの日報問題では影響が出ない（笑）。困ったもんだな。

## 安倍総理が連呼する「この道しかない」の危うい既視感

**佐藤**　政権は、そういう国民の様子を見て安心するわけです。この程度なら大丈夫だと。竈《かまど》の煙はちゃんと立っているから、民は満足していると。だから安倍さんは共同通信の世論調査を

※1　「逃げるは恥だが役に立つ」　新垣結衣・星野源主演。派遣切りに遭った女性が、父親の元部下のもとで家事代行として働く。その後「雇用主と従業員」という関係の契約結婚を結んだ二人は、やがて本当の恋愛感情に目覚めていくというストーリー。視聴率は回を追うごとに上昇し、最終話は二〇％超え。「逃げ恥」と呼ばれてブームになった。

※2　「東京タラレバ娘」　吉高由里子・榮倉奈々・大島優子主演。三人の独身女性が、女子会を開いては高い理想と「たられば」と仮定の話を語るのを繰り返していた。そんな彼女たちが幸せをつかむまでを描く。全話の平均視聴率は一一％超。

見て、かなり自信を持ったと思いますよ。国民の大多数は私を支持しているに違いないと。
それを反映しているのが、しばしば口にする「この道しかない」という言い方です。でもこれ、ペレストロイカのときのスローガンなんです。ゴルバチョフが盛んに「この道しかない」と強調して、ソ連はその二年後に崩壊するんですよね。しかも最初は「改革」と言っていたのに、途中から「革命」と言い始めましたからね。その行き着くところは国家の崩壊しかない（笑）。

その意味では、安倍さんの「この道しかない」にはすごく既視感がある。

**池上**　日本の行く末を暗示していると（笑）。しかし当面、株価さえ上がっていれば、「民の竈は賑わいにけり」と見えてしまうわけですね。

**佐藤**　そういうことです。

**池上**　そうすると、第1章で佐藤さんにプーチンを礼賛する「若きロシア」の大イベントについて教えていただきましたが、実は安倍政権もこういうことをやりたいかもしれませんね。

**佐藤**　もうやりたくて仕方がないと思う（笑）。

**池上**　そうですね。自民党青年局をベースにしながらね。二〇一七年一〇月の衆議院選挙の最終日、安倍さんが秋葉原で街頭演説をした際にも、「頑張れ安倍総理」という巨大な横断幕を何枚も用意して、「安倍やめろ」という声を封鎖したんですよね。その中心にいたのが、自民党青年局で動員された連中です。あの部分が母体になりますよね。熱狂的な安倍ファンというのがいるので。

**佐藤**　そういう話で、民主主義が形骸化していくわけですよね。

**池上**　それから当時、選挙報道で街頭演説の場に各テレビ局のカメラが集まるでしょ。そうすると、特にＴＢＳとテレビ朝日のカメラの周囲に人が集まってきて、「偏向報道やめろ」というプラカードを掲げたり、野次を飛ばしたりするわけです。もうそういうことが起きている。

**佐藤**　テレビ東京は大丈夫なんですか？

**池上**　テレ東のロケで行っても、何も言われたことはありません。スタッフと「全然相手にされてないなあ」なんて話をしているぐらいです（笑）。

## 省エネ化する日本のエリート

**池上**　それから今、官僚の不祥事も後を絶ちませんね。何かもうやる気を失っているようにも見えますが。

**佐藤**　そう思います。日本では今、エリートの弱体化が進んでいますね。なぜそうなってしまったのか。二〇一八年四月に辞任した財務省の福田淳一事務次官などを見ていて、私なりに至った暫定的な結論としては、省エネ型官僚が増えたからだと思うんです。

そもそも、やりたい政策が特にあるわけではない。一方で政治家をＡＢＣで色分けして、強い政治家とは絶対に喧嘩しない。上司とも絶対に喧嘩しない。それから部下も峻別《しゅんべつ》して、無能な部下は指導せず、有能な部下の成果を吸い取っていく。その部下に対しては、「お前も将来、吸い取ればいいいんだから」と指導する。こういう、極力省エネルギーで済ませようとするタイプの官僚がいるんですよね。

こういうタイプは、乱世に強いんですよ。なぜなら、こだわりがない分、身軽に動けるから。自民党政権だろうが、民主党政権に替わろうが、簡単に対応できるんです。その典型が福田さんですね。

あるいは、表面上は対局にある外務省の杉山晋輔元事務次官のような人。民主党政権時代に徹底的にゴマをすっていたので、安倍政権に替わってさすがに仕事がしにくくなったかと思ったら、ますますゴマすりに磨きをかけた（笑）。こういう人も生き残るでしょう。ただし、いずれも尊敬されないことは確実ですよね。

**池上** なぜそうなってしまったんですかね。政治主導で、官僚が何をやろうとしてもムダ、みたいな意識になったのかな。

**佐藤** 政治主導は昔からあまり変わらないと思うんですけどね。だからよくわからない。謎ですね。ただもしかしたら、ポストモダン※が関係しているかもしれません。今の官僚の多くは、ポストモダン世代ですよね。

**池上**　そうか、特に何かをやりたいとかではなく、自分が官僚というエリートであることを確認できれば十分なのかな。

**佐藤**　そういうことでしょうね。それ以外のことは考えていないと思うんですよ。先日も元財務官僚の山口真由さんと対談したとき、彼女が言っていました。「東大生はトレンドに弱い」って。それで今のトレンドは投資銀行だから、みんなこぞって行きたがるそうです。

**池上**　たしかにそうだ（笑）。バブルのころ、理科Ⅲ類の連中がみんなゴールドマン・サックスの会社説明会に行ったという話もありましたよね。

**佐藤**　彼女に言わせると、東大生は別にお金が好きなわけじゃないんだと。ただトレンドだから行くと。彼女が言うと説得力がありますよね。

**池上**　東大生といえば、テレビ局もトレンドだった時期があります。まだフジテレビが河田町にあって、「母と子のフジテレビ」というキャッチフレーズを打ち出していたころ、視聴率はずっと低迷していました。その当時、東大生がフジテレビに行くなんてあり得なかったんです。

しかし、たとえ大学を出ていなくても、テレビが大好きな制作会社などの連中が集まってい

※　ポストモダン　「人類は真理と正義に向けて進歩している」といった価値観を皆が共有していた「モダン（近代）」に対し、価値観が多様化して共有できない時代状況を指す。

た。そこでフジテレビは彼らを正社員として迎えたところ、彼らは意気に感じて面白い番組を生み出すようになったんです。

それで視聴率でトップに立ち、お台場に移転した途端、東大生が続々とフジテレビを目指すようになった。〝エリート〟になっちゃった。すると、ガタガタと視聴率が落ちていったんです。それが今のフジテレビの姿ですね。

**佐藤** だいたい東京大学という大学は、官僚と学者以外に優位性はありませんからね。

**池上** そう。官僚仕事は見事にこなす。だからいわゆる〝編成官僚〟になるわけですよ。ＴＢＳの視聴率も長らく低迷していましたが、ＴＢＳにも東大卒が多いんですよ。

**佐藤** テレビ東京も、池上さんの番組の影響で視聴率が上がっていますよね。だったら東大卒が増えるんじゃないですか。

**池上** まあないことはないですけど、まだ大丈夫です（笑）。エリートの放送局ではないし、変わった人も入ってきますからね。そこが私の好きなところです。

# 多様性を失うメディア

## 日本は「欠陥のある民主主義」

**池上**　イギリスの「エコノミスト」誌のシンクタンク部門「エコノミスト・インテリジェンス・ユニット」が、二年に一度「民主主義指数」というのを発表しているんです。直近は二〇一八年度のものなんですが、それによると日本は対象一六七ヵ国中で二二位。それで「完全な民主主義」「欠陥のある民主主義」「混合政治体制」「独裁政治体制」という四つのカテゴリーに分けて評価しているのですが、日本は「欠陥のある民主主義」に分類されています。その中では上位なんですけどね（笑）。

**佐藤**　他に「欠陥のある民主主義」ってどこが入っていますか？

**池上**　韓国とか、フィリピンとか。アメリカもそうですね。

**佐藤**　それで思い出したのですが、オーストリア出身の数学者クルト・ゲーデル※が、ナチスから逃れてアメリカに移住する際、市民権を取得するための面接試験を受けることになったんです。実は彼の保証人となり、また面接試験にも同伴したのがアインシュタインでした。

※　ゲーデル、クルト　一九〇六〜一九七八年。ウィーン大学の講師だったが、一九四〇年ごろにナチスから逃れるためにアメリカに移住。市民権取得後はプリンストン高等研究所の教授に就任。

なぜか。ゲーデルは数学の天才ですが、世間的なことはまったく知らなかった。それで試験のために合衆国憲法を精読したのですが、そこで得た結論が「この憲法は論理的に矛盾している し、合法的に独裁政権が生まれる」ということだったんです。アインシュタインはそれを聞いて心配になり、試験で彼をフォローするために同伴したわけです。

**池上** 余計なことを言うなと（笑）。

**佐藤** でもそういう意味では、やはりアメリカの民主主義というのは問題があるわけですよね。で、先ほどのカテゴリーで言うと、「完全な民主主義」に分類されているのはどんな国ですか？

**池上** 北欧諸国が軒並み入っていますね。それからスイスとかカナダとかニュージーランドとか。

ただしこの高評価というのは、女性の参政権とか、女性の国会議員の割合とかの影響が大きい。日本のランクが低いのは、いずれも少ないからです。

**佐藤** じゃあ稲田朋美さんみたいな人がもっと増えればいいと。

**池上** そう、数でいえばね。でも、先の自衛隊の日報問題にしても、本当に舐め切られていましたからね。自衛隊員にとってみれば、稲田のために命を懸けたくはないですよ。

### 世界民主主義指数（旧ソ連の国々を中心に）

| | | | | | |
|---|---|---|---|---|---|
| 完全な民主主義 | 1 | ノルウェー | 混合政治体制 | **79** | **モルドバ** |
| | 2 | アイスランド | | **84** | **ウクライナ** |
| | 3 | スウェーデン | | 88 | バングラディシュ |
| | 4 | ニュージーランド | | **89** | **ジョージア（グルジア）** |
| | 5 | デンマーク | | 97 | ネパール |
| | 6 | カナダ | | **98** | **キルギス** |
| | 〃 | アイルランド | | **103** | **アルメニア** |
| | 8 | フィンランド | | 106 | タイ |
| | 9 | オーストラリア | | 110 | トルコ |
| | 10 | スイス | | 114 | イラク |
| 欠陥のある民主主義 | 21 | 韓国 | 独裁政治体制 | 130 | 中国 |
| | 22 | 日本 | | **137** | **ベラルーシ** |
| | **24** | **エストニア** | | **144** | **カザフスタン** |
| | 25 | アメリカ合衆国 | | **144** | **ロシア** |
| | 29 | フランス | | **149** | **アゼルバイジャン** |
| | 32 | 台湾 | | **156** | **ウズベキスタン** |
| | **36** | **リトアニア** | | **159** | **タジキスタン** |
| | **38** | **ラトヴィア** | | **162** | **トルクメニスタン** |
| | 40 | 南アフリカ | | 166 | シリア |
| | 73 | 香港 | | 167 | 北朝鮮 |

エコノミスト・インテリジェンス・ユニット（ＥＩＵ）の公式サイト掲載の「Democracy Index 2018」に基づき作成。旧ソ連の国々は太字で示した。

## 日本のメディアの感度はズレている

**池上**　一国の民主主義をどう評価するかはいろいろな視点があると思いますが、私が危惧しているのはやはりメディアのあり方ですね。

例えばプーチンが大統領選で圧勝したときも、安倍さんはプーチンにお祝いの電話をしたわけでしょう。いわゆる旧西側諸国でこういう電話をしたのは、トランプと安倍さんぐらいじゃないですか。

**佐藤**　そう思いますよ。

**池上**　ただし安倍さんは一応、例のロンドンでの元スパイの暗殺未遂問題（本書二五五頁「謎だらけの『ノビチョク事件』」を参照）に関して触れた。真相解明が必要だと一般論を言ったに過ぎませんが。

**佐藤**　その言い方だと、ロシア側からすれば冤罪をきちんと主張するということになりますからね。

**池上**　そう、そういう言い方をする限り何の問題もない。ところがそういうことを、日本のマスコミはまったく報道しないんです。安倍さんがお祝いの電話をしたとは報じますが、それに対して「おいおい、ちょっと待てよ」という話にはならない。それはやはり、北方領土の問題があるからでしょう。

**佐藤**　そこまで考えてますかね。単純に関心が低いだけじゃないですかね（笑）。

**池上**　そうか、日本の政治部の記者たちは感度が低すぎるからなあ。

**佐藤**　政治部には独自のセンサーシステムがあるんでしょうね。だから「忖度」とか聞くとものすごく反応する一方、「元スパイが暗殺未遂」と聞いてもスルーしてしまう。それから人権とかそういう関係は、全部スルーでしょう。これは国際標準から見るとだいぶ違いますね。

**池上**　そういうところは、諸外国から見ると異質でしょうね。

**佐藤**　そう思います。だから日本のメディアというのは、北朝鮮の「労働新聞」と同じように見られていますよ。

## メディアがメディアを叩くのは日露とも同じ

**佐藤**　今の日本は、たしかにロシアと比べれば暴力性は若干低い。しかし民主主義のあり方とか、メディアの雰囲気とかについては、非常に近いものがある。

例えば、先述したサプチャクの娘の話（本書六八頁参照）がありましたが、日本でも東京新聞の望月衣塑子《いそこ》記者が叩かれていますね。

**池上**　そう。官房長官の記者会見で何か質問すると、産経新聞が叩くという。

**佐藤**　産経新聞は叩くし、読売新聞は怒るし。程度の問題で、あまり変わらないでしょ。たしかにクセーニヤ・サプチャクがそんなに立派とは思わないし、同様に望月さんが理想的なジャーナリストとも思わないけれども。

**池上**　記者は質問するのが仕事だから、その仕事をしているだけなんですよ。

**佐藤**　他の記者が何かしつこく質問したら、バカなこと聞いているなと思いながら黙って見ていればいいいんですよ。

**池上**　そうですよ。記者クラブの中で文句言うぐらいならまだいいけど、それを批判する記事を書いちゃうところがすごいよね。もう信じられない。記者としてありえない態度ですよ。

**佐藤**　結局、それは東京新聞に塩を送ることになるんですけどね。

**池上**　結果的に望月衣塑子記者がヒロインになっちゃってますからね（笑）。

## 西部邁の自死をメディアが一律に礼賛する不気味

**佐藤**　二〇一八年一月、西部《にしべ》邁《すすむ》さん※1が自殺されましたね。その一件でもちょっとおかしいと思ったのは、それを報じる記事が、朝日から産経まですべて基本的に礼賛だったことです。でも、彼の死に方には先例がある。岡崎次郎と対馬忠行、さらにいえばマルクスの次女ラウラとその夫です。西部の根っこはブント※2ですからね。

**池上**　ああ、なるほど。

**佐藤**　まずラウラとその夫は、フランスでマルクス主義の啓蒙に努めますが、六〇代になって労働能力がなくなり、両親に迷惑がかかるからという理由で自殺するんです。それから日本にトロツキーを紹介したことで知られる対馬忠行も、八〇歳を前にして、もう自分は生産的なことはできないと言って瀬戸内海に飛び込んだ。マルクス経済学者の岡崎次郎はそれを見ていて、八〇歳のときに最後の自著『マルクスに凭《もた》れて六十年　自嘲生涯記』を書くんです。その中で、自分はもう知的な活動はできないし、身体も弱ってきた、お金もない、だから対馬に先を越されたが、決済をつけないといけないと記し、「これから西の方へ行く」と書き残して奥さんと失踪するんです。いずれも、西部さんのケースとよく似ていますよね。

これは怖いことです。人間の命そのものではなく、働き続けることに価値があると言っているわけです。逆にいえば、労働生産性のない人間は生きる価値がないと。これは労働価値説の誤用なんですが、ソ連型共産主義の発想であると同時に、ナチスの思想でもあるんです。

最近はよく「生涯現役」という言葉が肯定的に使われますが、これはもともとナチスが考えた言葉なんです。国民の身体はヒトラーのものであり、ヒトラーの役に立つように健康でなけ

※1　西部邁　一九三九〜二〇一八年。経済学者、保守派の論客として活躍。多摩川で入水自殺。
※2　ブント　共産党から排除された学生によって結成された左派組織。正式名称は「共産主義者同盟」。六〇年安保闘争を主導。

ればならないと。

**池上**　なるほど。

**佐藤**　それに対して、朝日から産経まで礼賛している。朝日は自分たちの地の文では言えないから、小林よしのりを登場させて「自分で自分の人生に決着をつけるとは立派である」という談話を出させているわけです。実はこれ、年金の支給開始年齢を七〇歳に引き上げていくという発想ともすごく近いんだよね。

**池上**　（笑）。

**佐藤**　安倍政権がすすめる「働き方改革」にも、この要素がある。働けなければ価値がないという思想が忍び寄ってきているわけでしょ。

ここからさらに発展すると、「尊厳死」なんていうことが問題になってくると思います。安楽死に健康保険が適用できる時代にしようという議論が絶対に出てくる。すでにアメリカの一部では始まっているからね。

**池上**　出てくるでしょうね。労働価値説がそこに使われるわけだ。

**佐藤**　そう。そこにはヒューマニズムがないんですよね。もっといえば、相模原の障害者施設で一九人が殺傷される事件[※1]がありましたね。これも延長線上だと思うんです。

**池上**　あそこにつながっていくわけですね。さらに言えば、奥さんに先立たれた男が寂しくなって侘しくなって、ああいうふうになるというのはよく聞く話ですよね。

**佐藤**　そう、典型的な例。

**池上**　江藤淳[※2]も実はそうだったわけで。

**佐藤**　当時、たしか江藤淳の自殺を批判する文章を、西部さんは書いていたと思いますよ。

**池上**　それは面白いな。結局同じ道を歩んでしまったんだ。

**佐藤**　江藤淳の自殺に関して、世論は賛否両論でしたよね。ところが今回、西部さんに対しては全部礼賛。社会が根っこから変わってきている気がします。

この状況は、ソ連型社会主義の間違いとダブって見えるんです。結局、ヒューマニズムが弱かったということですね。人間をないがしろにするような社会はダメなんですよ。ところが人間中心主義を唱えると、今度は北朝鮮のチュチェ思想になってしまう（笑）。

**池上**　だからチェコスロバキアでは、「プラハの春」から「人間の顔をした社会主義」という発想が生まれたわけですね。

※1　相模原の事件　二〇一六年七月に発生。元職員の被告人は、犯行について「有意義」「間違っていなかった」と述べて社会に衝撃を与えた。
※2　江藤淳　一九三二～一九九九年。文芸評論家、保守派の論客として活躍。妻を亡くした後、後を追うように自宅で自殺。

## 「活字」に騙されてはいけない

**池上** そこで国民に必要なのが、メディアリテラシーということになりますね。以前なら、メディアリテラシーはあまり必要なかったかもしれない。それなりにまともなメディアがある一方、悪意を持った、とんでもない情報に触れる機会は少なかったから。ところがネットが普及して、不特定多数が文字や動画を使ってまことしやかな情報を流すと、それがだんだん正しいように思えてくることがありますよね。

いささか古いことを言うと、騙されやすい理由の一つが「活字」だと思うんです。かつてNHKにいたとき、みんなそれぞれに番組の企画書を書くわけです。まだワープロすらない時代には、A4の紙に手書きするのが常でした。

ところがそのうち、ワープロを使い始めるヤツが出てきて、活字で印刷した企画書を書いてくるわけです。その体裁を見ただけで、すごい企画なんだろうなと思えたんです。以後、活字で提案すると通りやすいという話になって（笑）。

でもしばらくして、待てよと。活字だからすごいと信じているだけじゃないかと気づいたんですけどね。

**佐藤** 逆の現象もあるんですよ。外務省で非常に重要な情報の漏洩を防ぐには、手書きが一番いいといわれていました。

例えば文書をメールで受け取ったとしたら、それを転送する心理的な負担感はすごく低いんですよ。その次に低いのが、パソコンで書いてプリントアウトした文書。それをコピーして勝手に誰かに渡すことには、多少の抵抗感はありますが、やろうと思えば可能です。しかし手書きの文書を受け取って、それをコピーして誰かに渡すとなると、抵抗感はかなり高くなります。情報の内容は同じでも、そういう心理的な違いがあるんですよ。

**池上**　発信元が確かなら、手書きのほうが価値は高いですよね。しかしネット上の情報は発信元も情報源も不明確。それでもちゃんとした活字になっているから、見た目では書籍や新聞記事と変わらない。それでつい信じてしまうということがあると思うんです。

しかも、「大手の〝マスゴミ〟は書けないが、真相はこうだ」みたいな書き方をされると、そうだったのかと妙に納得してしまう。

**佐藤**　そこには反エリート主義もありますよね。我々はエリートたちによって騙されているんだという。その典型的な存在が安倍さんで、すごく被害者意識が強いですよね。自分は虐げられてきた一人だと。

**池上**　そう。朝日新聞のようなエリートに虐げられてきたという意識はあるでしょうね。

**佐藤**　たしかに虐げられてきたというよりも、まともに相手にはされてなかったというのが実態だったと思います。

**池上**　昔は朝日新聞や岩波書店というと、日本を代表する知性主義のようなところがありました。それをひっくり返してやろうとか、そういう言動に喝采を送るような風潮がありますよね。

**佐藤**　かつて、それを意図的にやっていたのが文藝春秋だったんですよ。例えば同社が運営している大宅《おおや》壮一《そういち》ノンフィクション賞にしても、イザヤ・ベンダサンの『日本人とユダヤ人』のような、自分は戦時中の日本に潜水艦で潜入したというような、大ウソを書いている本にも賞を与えている。今や、文春がジャーナリズムの主流になっている。朝日や岩波が文春ジャーナリズムに対抗する力を持っているとは思えません。

## 「社会主義と共産主義」

「共産主義」の定義は多数あるが、一般的には私有財産を否定し、あらゆる生産手段や財産を共有することで、経済的に平等な社会を築こうという考えを指す。資本主義が成熟すると、資本が増大する一方で労働者の貧困はいよいよ限界に達し、怒りが集積して革命が起こる、というのがマルクスの描いたシナリオだ。

共産主義の世の中になれば、「人それぞれが能力に応じて働き、必要な分配を受け取れる」という理想的な社会が実現する。しかしその前段階として、まず「人それぞれが能力に応じて働き、能力に応じて分配を受け取れる」という社会を作る必要がある。それを「社会主義」と呼ぶのが標準的。つまり資本主義から共産主義に至るには、二段階あることになる。

ただし日本共産党は、二〇〇四年に綱領を改定して「二段階論」を破棄。「一つの社会の連続的な発展」を重視して、「共産主義」も「社会主義」も同じ意味として捉えているという。

# 6章

# 帝国の攻防

## ――諜報と外交の舞台裏

## なぜ暗殺事件は繰り返されるのか

### 「ポロニウム暗殺」はプーチン政権の強さか脆さか

**池上**　ロシアでは、反プーチンのジャーナリストや実業家などが殺される事件がよくありますね。あれもプーチンが命令しているのではなく、プーチンに忖度する連中が勝手にやっているように見えるんですけど。

**佐藤**　そういう部分もあると思います。個別のケースで見ると、例えば二〇〇六年に暗殺されたアンナ・ポリトコフスカヤ[※1]の場合、チェチェンの取材を進める過程で、マフィア間の利権抗争に巻き込まれたことは間違いない。つまり、暗殺を指示したのはプーチンの周辺の誰かではなく、マフィアだったと思います。

ただそのとき、ふつうなら警察が公権力として、マフィアからジャーナリストを守るはずですよね。でも守らなかった。マフィアのやるがままにやらせたわけです。

あるいは一九九八年に暗殺された改革派の政治家ガリーナ・スタロヴォイトワ[※2]も、実はかなり建築関係の利権に首を突っ込んでいました。ミクロで見ると、そういう事情がいろいろあるんです。その暗殺に対して、やはり公権力が「不作為」という形で関与していたことは明らかです。

それから、ＫＧＢ（ソ連国家保安委員会）、ＦＳＢ（ロシア連邦保安庁）から反体制活動家に転じたアレクサンドル・リトビネンコは、二〇〇六年にロンドンでポロニウムを飲まされて暗殺されましたね。彼はイスラム教徒だったんです。

**池上**　そうなんですか。

**佐藤**　彼はもともとチェチェンの掃討を担当していましたが、そのうちにチェチェンマフィアとの関係ができて、ロンドンでは武器商人をしていたんです。イスラム教徒になったのも、その商売の関係です。

　だから暗殺に元ＫＧＢの誰かが関与していることは間違いないのですが、それがプーチンの政権的思惑によるものか、それとも武器販売をめぐるトラブルなのかはわからない。

**池上**　ポロニウムというと、原子炉から取り出さなければいけない放射性物質で、しかもそういう原子炉を持っているのはロシアとイスラエルぐらいですよね。本来なら国家管理しているはずですが、それが殺人の材料に使われたということは……。

**佐藤**　だからＧＲＵ（ロシア連邦軍参謀本部諜報総局）あたりが関与している可能性が排除でき

※1　ポリトコフスカヤ、アンナ　一九五八～二〇〇六年。チェチェン取材の他、プーチン批判の急先鋒としても知名度の高かったジャーナリスト。自宅アパートのエレベーターで射殺された。
※2　スタロヴォイトワ、ガリーナ　一九四六～一九九八年。社会心理学・民族学の専門家でもあり、エリツィン大統領の時代には民族問題担当の大統領顧問も務めた。自宅前で射殺された。

ないんです。むしろ問題は、核管理ができているかどうかです。国家の管理下での殺人ならまだましです。しかし、管理が及ばずに核物質が拡散しているとすれば、そちらのほうがずっとリスクは高いですよね。

**池上** それは危険じゃないですか。

**佐藤** だからあの事件自体、ものすごく危険なんです。プーチンとしても、政権が計画的に暗殺をしたという言説が広まってくれたほうが、核が拡散したという憶測が広まるよりずっとましです。もし特定のマフィアグループなりが持ち出していたとすれば、国家管理ができていないことになりますからね。

**池上** つまりプーチンの命令で暗殺したなら、文民統制が行き届いていることになる（笑）。

**佐藤** そう。だからもしプーチンが関わっていないのに関わったというプロパガンダが出たら、政権の威信にかけて潰しにかかるんじゃないかという人もいますが、それはロシアがわかっていない人の見方ですね。プーチン側にとっては、計画殺人をやったと見られるのと、核管理ができていないと見られるのとでは、どちらのダメージが少ないかという問題です（笑）。核管理ができていないとなれば、国際干渉が始まります。

**池上** そうですね。面白い見方ですね。

**佐藤** だからあの国にいると、ものの見方がひねくれてくるんですよ。一つひとつの見極めが、ものすごく難しい。

## 暗殺には経済合理性がある

**池上**　それから成金もたくさん殺されましたね。ソ連が崩壊してロシア連邦になったとき、民主化の名のもとに、とりあえず国営企業の株券を国民にばら撒いた。それをかき集めた者が新興成金として台頭したわけですが、そんな彼らが狙われた。

**佐藤**　そうです。私が知っているだけでも、銀行の頭取が一人、それに非常に大きな利権を持っていたスポーツ観光国家委員会の第一次官が一人殺されています。あるいはモスクワでいつも使っているスラヴャンスカヤ・ホテルの共同支配人も、地下道でハチの巣にされました。

私が日本大使館にいたころの感覚で言うと、日本円で三億円がボーダーラインですね。この人間が死ぬことによって誰かが三億円の利益を得られるとなると、殺されました。というのも、嘱託殺人が最低二〇〇万〜三〇〇万円、高くても五〇〇万円ぐらいでできたんですよ。そうすると、三億から五〇〇万を引いた二億九五〇〇万円が自分の利益になる。しかもそれで迷宮入りですからね。そうするといくら友情があっても、やはり二億九五〇〇万円のほうが重くなる（笑）。

**池上**　経済合理性があるんですね（笑）。

**佐藤**　捕まらないという前提もありますからね（笑）。そりゃそうですよ、警察官の給料は五〇ドルなのに、マフィア組織なんかに向かっていったら殺されるリスクが高いですからね。警察官だって家族がいますから、そんなリスクを冒してまで捜査なんかしないですよ。

でも逆に言うと、利権抗争に入っていかなければ殺されないんですよ。だからモスクワでも安全な場所といえば、まず外国人の集まるホテル。マフィアが白タクとか管理売春とかをやっているところです。マフィアの城は安全なんですよ。強盗が入ることもないし。それに継続的にお客が来なきゃいけないから、価格が決まっていてぼったくることもない。

**池上**　なるほど（笑）。

**佐藤**　怖いのはチンピラです。マフィアの真似をしたがる中学生とかね。私がモスクワにいたころそうでした。

**池上**　日本でも、山口組がちゃんと運営しているところは安全ですからね。やさぐれている連中のほうが怖い。

**佐藤**　そう、だからそれもロシアと日本は似ているんですよ。いずれも合理性があるわけです。ただし、あの国はそういう部分が見えにくいところがある。

# 謎だらけの「ノビチョク事件」

## イギリスはロシアとの関係悪化を狙っている?

**佐藤**　それから二〇一八年三月、イギリスで神経剤「ノビチョク」を使った暗殺未遂事件がありました。ターゲットはロシアの元スパイとその娘だったわけですが、この事件はわかりにくいんです。

まず、イギリスの主張を額面どおり受け取っていいのかどうか。というのも、今の時代のスパイ活動というのは、昔と違ってかならず各所に「リエゾン」という外交特権を持つ連絡係を置くんです。それでこういう事件が起きたときには、政府が関与しているのか、それとも偶発事態なのか、両国のリエゾンが表に出さずにすり合わせるはずなんですよ。そこは原則として、嘘はつかないルールになっているんですけどね。

ところが今回、イギリス政府は大々的にロシアに抗議した。しかも明白な証拠を出せていないにもかかわらずです。その一方では諸外国に電話をかけて、巻き込もうと必死になっている。これも異常事態です。明らかに、ロシアとの関係を悪化させる政治的意図があるわけです。

ということは、インテリジェンスの常識からすると、何かやましい話があるのでしょう。一つ参考になるのが、『MI6対KGB』（レム・クラシリニコフ著、佐藤優監訳、東京堂出版）です。ＫＧＢのイギリス課長の回想録ですが、それを読むとイギリスの対ロシア工作の様子がよくわかる。これは今も変わってないんですよ。

だから何か諜報のトラブルがあったことは間違いない。そして政治判断としてイギリスはロシアとの関係を悪化させることに利益を見出している。しかし、それが何なのかはわかりません。

**池上**　闇が深そうですね。

**佐藤**　他方、ロシアが真っ白なのかというと、けっしてそうではない。小物のスパイに中途半端なかたちで毒物を吸わせ、殺さずに重体にしたという結果を常識的に考えると、真のターゲットはその人物ではないですよね。周辺の誰か別の人物に、「お前もいずれこうなると思え」と警告を発したわけです。

その主体がロシア政府なのか、あるいは何らかのマフィア組織なのか、ここのところはわからない。ただし、ノビチョクを民間人が持っているとは想定しにくいので、どこかから横流しされたのでしょう。そのプロセスにおいて、ロシア政府が黙認していることは間違いない。つまり何らかの形でロシアの諜報機関は関与しているということでしょう。しかしプーチンが直接かんでるとは思えない。これは、先に述べたリトビネンコ事件と同じ図式ですね。

## ロシアに〝評価〟される日本

**佐藤**　その後、駐日ロシア大使に就任して早々のガルージンが記者会見を開き、日本政府の対応を非常に高く評価しました。この事件に関してバランスのとれた立場をとっていると。ロシアから評価されるなんて、日本政府も終わりが近い感じですよね（笑）。

**池上**　しかし日英はもともと関係が深いし、二〇一七年には就任間もないメイ首相を京都に招いたりしています。その常識でいえば、イギリスにつき合って在日ロシア大使館の外交官を数人追放したとしてもおかしくないですよね。

**佐藤**　つき合いでいえばそうなります。スパイ事件が起きたら、各国は同一陣営の味方をするのが基本です。日本はアメリカと同盟国で、アメリカはイギリスの同盟国だから、真実がどうであれイギリスの肩を持つ。これがインテリジェンスの文法です。しかし日本では、そういう文法が適用されない。

**池上**　されないですよ、日本はね。

**佐藤**　アメリカの同盟国で同じく文法が適用されないのが、イスラエルとトルコでしょうね。両国とも追放合戦には入らないですから。見方を変えれば、日本を含めたこの三国というのは、ロシアに対して共通の外交スタイルがあるということです（笑）。

**池上**　なるほど。いずれも安倍さんのお友だちですな（笑）。

**佐藤**　こういうロシア発の問題に照らしてみると、日本が他の平均的な国とだいぶ違うというのがすごく見えてくるわけです。

## 目的は見せしめか？

**佐藤**　この事件、とにかく合理的な説明をしてくれる人がいないんですよ。

**池上**　ですよね。殺そうとして失敗したのか、それとも意識不明にすることが本来の目的だったのか、それさえもわからない。

**佐藤**　単に殺すだけなら、プロに頼めば簡単にできますからね。その前に苦しませようという意図は感じます。

**池上**　それにノビチョクをわざわざ使う理由もわからない。

**佐藤**　この事件の先例としてあるのが、一九九七年のイスラエルの情報機関モサドによるメシャル暗殺未遂事件ですよね。

**池上**　はいはい、ヨルダンでやったやつね。

**佐藤**　そうです。ハマスの指導者ハーレド・メシャルの耳に毒を入れて、見せしめ的に苦しませた上で殺すつもりだったのですが、毒の量を間違えて失敗した。おかげで発覚して大問題になったわけです。

**池上**　そうでしたね。ヨルダンの国王が怒ってイスラエルに解毒剤を要求し、メシャルを助けたんでしたよね。

**佐藤**　あの事件の事後処理を直接担当したのが、その後モサドの長官になった、当時EUのイスラエル大使を務めていたエフライム・ハレヴィさんでした。私も非常にお世話になった人物です。

彼によると、ブリュッセルのホームセンターで奥さんと買い物をしていたとき、携帯電話が鳴って「直近の便で至急帰国しろ」と指示されたそうです。チャーター便でもいいし、貨物便でもいいと。

それで帰国したら、国交断絶とまで言って激怒しているヨルダン国王を宥《なだ》めろと指示を受けるんです。そこで彼は、暗殺計画の一連のオペレーションについては一切自分に教えないでくれと申し出た。なまじ知っていると、先方に釈明しないといけなくなるからです。

その後、彼は幕引きに動くわけです。ヨルダンの秘密警察の長官と会い、当時イスラエルの刑務所にいたハマスの指導者アフマド・ヤーシン※の釈放を交換条件にして、事件に関与して捕らえられたり、イスラエル大使館に逃げ込んだりしていたモサドを取り戻したんです。

※　ヤーシン、アフマド　一九三七〜二〇〇四年。八七年にイスラム主義を掲げる政党（米国等によれば「テロ組織」）ハマスを創設。モスクへ礼拝に向かう途中、イスラエル軍ヘリからのミサイル攻撃で死亡。

ヤーシンの釈放に対しては、イスラエルで非難囂々《ごうごう》でした。彼がパレスチナのガザに戻り、また自爆テロを始めることは確実だったので。でも結局、彼もイスラエル軍に暗殺されましたからね。

**池上**　そう。イスラエルには死刑制度がないから、ヤーシンを捕まえている限り、殺せないわけです。むしろ釈放した結果、テロ活動を始めてくれたので、テロリストとして殺すことができたんですね。その意味でイスラエルは、非常に〝合理的な〟判断をしたわけですね。

**佐藤**　ただ、自爆テロでイスラエル国民もだいぶ死にましたけどね。こういう先例から考えると、ノビチョク事件も見せしめ的な殺し方のはずなんですよ。では誰に対する見せしめとしたのか。ここから先は推理するしかありません。

## 「大使館員追放」のパフォーマンス

**池上**　その後、イギリスもロシアもお互いに大使館員を追放し合いましたね。これもよく見る光景ですが。

**佐藤**　二〇〇人ぐらい追放したところで、打ち止めという感じでした。お互いに追放要員を使い果たしたんじゃないですか。

だいたい追放には、本気の場合と、そうではない場合があるんです。もっとも本気ではない場合は、すでに離任している職員を対象にする。つまり入国禁止になる程度なので、ほとんど影響はありません。その次は、そろそろ任期が終わりそうな職員を追放する。これも人事ルーティーンにあまり影響はない。

**池上**　実害がないわけですね。

**佐藤**　そうです。一方、実害がきわめて大きいのが、着任してすぐの職員を追放すること。人事ルーティーンが狂うから。これは本当に怒っているときしかやらないですね。

　例えば一九八六年にウクライナのオデッサで日本の二人の駐在武官が拘束され、そのうち一人が追放される事件がありました。あれは着任直後のことだったので、それだけソ連側は怒っていたということです。

　もっとも、こういう事態もある程度は織り込み済みなんです。私はモスクワに赴任する前、イギリスのロシア語学校で勉強していたのですが、同じように学んでいる人が四〇人ぐらいいました。それも将校クラスばかり。下士官なら、マルタ共和国で通信傍受の役割があるからわかるのですが、将校はそんなに必要ないはずです。

　それで不思議に思っていたら、ある中佐が教えてくれました。「俺たちは追放要員なんだよ」って。私は彼と一緒にモスクワに着任したのですが、たしかに彼は三ヵ月で追放になりました。

**池上**　なるほど（笑）。

**佐藤**　つまり追放要員を最初から養成しているわけです。毎年将校で五人ずつぐらいですね。それで先方と話をつけて、本当に重要な外交官や駐在武官ではなく、こいつで勘弁してくれと追放要員を出すわけですね。

**池上**　まるで昔のヤクザと同じですね。

**佐藤**　本当にそう思います。抗争が起きたら、誰か適当な一人に拳銃を持たせて出頭させたりしましたよね。あれと一緒です。

ただ外交官の場合は、かならず人数を合わせるんです。五人追放されたら五人追放する、一〇〇人なら一〇〇人。相手より少ないと、何かやましいところがあると認めることになるからです。

それから「外交関係に関するウィーン条約」により、接受国として受け入れる外交官は「ペルソナ・ノン・グラータではないこと」が条件になっています。逆に言うと、特定の人物をペルソナ・ノン・グラータに指定すれば、自動的に追放になるわけ。しかもその場合、理由を告げなくてもいいことになっているんです。

## 真相は核兵器絡みか、マフィア絡みか

**池上**　イギリスもＥＵ離脱を控えていますからね。その関連で、ＥＵとの関係を少しでもよくしようとしているのか、単純に反ロシアを鮮明にして何らかの利益を得ようとしているのか。それぐらいしか考えられないですけどね。

**佐藤**　これはあくまでも妄想で、根拠があるわけではないですが、ロシアがこういうことをした理由は二つ考えられますね。一つは、イギリスがロシアの核に関して探りを入れるために、元スパイを使っていたというもの。新しく作っている多弾頭弾とか、あるいはプーチンが年次教書演説で公表した新型無人潜水艦の開発とか、そのあたりの情報を探っていた可能性はありますね。それをやられたら、ロシア側があああいう殺し方をすることはあり得ると思います。

**池上**　それは警告という意味ですか？

**佐藤**　警告ですね。そのへんの情報を探り出そうとしたらこういう目に遭うぞと。
もう一つ、核技術を持つロシアからの亡命者が、金目的でそれをどこかに流出させようとしていた可能性もある。それなら、ああいう仕打ちに遭うことはあり得ます。それ以外であるとすれば、あとはマフィア絡みでしょう。

**池上**　イギリスには、ロシアから移民してきた金持ちが数多くいますからね。

**佐藤**　端的にいえば、エリツィン前大統領の奥さんと娘さんもイギリスに住宅を持っています

から。

**池上** そういうロシア人コミュニティーの中の誰かに対する警告だったと?

**佐藤** それは考えられます。その原因が政治や軍事絡みなのか、マフィア抗争なのか、そこはわからないんですよ。

あとは通信傍受ですよね。イギリスのジョンソン前外相が「プーチンが関与していた疑いが十分ある」と公言したのは、たぶん通信傍受で証拠をつかんだということでしょう。しかしそれなら、その痕跡なりを出しますよ。それが全然ないので、変な感じです。

いずれにせよ、とにかくロシアと西側の関係は再び悪化しつつある。その理由は、よくわからない(笑)。しかし双方の指導部、特にイギリスの指導部は、関係を悪くすることに利益を見出していることは間違いない。その流れに、EUもアメリカもつき合っているという構図ですね。

**池上** そうですね。ただしトランプは乗ってこないという(笑)。

**佐藤** 国務省が乗ってもトランプは乗らない。

# 諜報活動の丁々発止

## ロシアの国民に移動の自由はない

**池上**　3章でも述べましたが、「資本の本源的蓄積」といえば、一五〜一六世紀のイギリスにおける「囲い込み運動」が有名ですね。地主が耕地を牧羊地へ転換したことで、土地を失った農民たちは都市に集まり、賃金労働者になるしかなかった。ここから大きな格差が広がっていったということです。

ソ連がロシアに変わったときも、それまで国民全員のものだった国有企業の株を、一部の者が買い集めて富を蓄積して格差が拡大した。これも、ある種の囲い込み運動のような形だった気がします。

**佐藤**　それはそうですよね。ただし、イギリスの「囲い込み運動」の場合は、都市に労働者（プロレタリア）が集まってきた。つまり移動が自由だったわけです。それに対してソ連の場合、移動の自由はありません。パスポート制なので。それが今も崩れていないんです。

**池上**　今も？

**佐藤**　そう。自由に移動できないんですよ。「プロピスカ」という住民登録制度があるのですが、そこに登録していないと職にも就けません。これは都市への流入を制限するための制度です。

**池上**　そういえば中国も戸籍制度で都市戸籍と農村戸籍に分けましたね。あれも都市への流入を防ぐために毛沢東が作った。

**佐藤**　ソ連の場合、一九六〇年代まで、農民はパスポートさえ持っていなかったんです。だから農奴と一緒で、原則移動できないんですよ。移動する必要があるときしか、国内パスポートを発行してもらえなかった。そして今でも、パスポートによって移動が制限されています。これも、あの国と他の国の大きな違いですよね。

**池上**　北朝鮮もそうですけどね。

**佐藤**　北朝鮮の制度はソ連の制度のコピーですから。

**池上**　そういうことですよね。北朝鮮で国内旅行をしようとすると、今の所属先に出張願いを出して、その許可証を得て初めて切符が買えるんですよ。さらに、目的地で降りたときにも当然チェックを受ける。本当に移動許可証を持っているかどうか、というね。だから脱北者は、そういうものと一切関係なく、単独で逃げるしかない。交通機関が使えない構造になっているわけです。

**佐藤**　外交官の境遇も似ているんです。モスクワのクレムリンを中心にして、だいたい半径四〇キロを超えて移動しようとすると、届け出が必要になる。ところが、単なる届け出制ではないんです。例えばどこかの街に行きたいと届け出るでしょ。そうすると、「あなたの届け出は受理されなかった」と来る。治安などの問題があるので、外国人を受け入れてくれるところしか行かせないわけです。仮に無理矢理行こうとしても、今度は切符が発行されないので、結局行けないいんですよ。だから表面上は外国人を受け入れ、届け出制ということになっていますが、実際には許可制なんです。

もちろん、ソ連側はどの都市が開放都市になっているかという情報を定期的に発表したわけではありません。だからアメリカ大使館は、届け出制を逆手に取って、毎月ルーティーンでありとあらゆる都市に旅行申請を出していたんです。

**池上**　なるほど。それで結果的にわかるわけだ。

**佐藤**　受理されればオープンになったということだし、受理されなければまだ、ということですからね。

**池上**　ジャンクメールをワッと送りつける発想に似ていますね。戻ってきたらアドレスが存在しない。戻らなかったらアドレスが存在する。後者に何か送りつければいいという。

**佐藤**　それと同じことを、アメリカはずっとやっていたわけですよ。

## KGBは記者として日本に潜入

**池上**　そうなると当然、在日ソ連大使館の外交官も、東京から四〇キロ以上には移動できないことになりますね。

**佐藤**　そうです。やはり旅行制限を設けていました。大宮には行けますが、宇都宮には行けないとか。ただし、問題はジャーナリストなんですよ。報道の自由というのは憲法上保障されているので、法制局としても外国人ジャーナリストを排除するという読み方はどうしてもできないと。だからソ連人ジャーナリストは、基地のそばを含め、全域移動が自由なんです。そこが大変でした。

**池上**　ですよね。「タス通信の記者です」と言えばどこへでも行けた。あるいは「ノーボスチ通信社の記者です」でも通用したと。「ノーボスチ」とは「ニュース」という意味ですが、その記者はほとんど記事を書かなかったといわれています。では各地で何をしていたのかと（笑）。

**佐藤**　そう。面白い話があってね。私がカウンターパートでつき合っていた人物に、すごく優秀な対外諜報庁の中将がいました。彼は東京の駐在員だったのですが、それ以前はノーボスチ通信社の記者として日本に滞在していたことがあるんです。

彼によると、ソ連が行っていたKGB職員の教育は徹底しています。まず、モスクワ国際関

モスクワのルビャンカにある旧KGB本部（1985年）。現在はロシア連邦保安庁（FSB）

係大学で五年ぐらい日本語の勉強をするでしょ。その中から優秀な人をKGBに入れて、最初の二年間はKGBアカデミーで訓練する。カウンター・インテリジェンスをみっちり身につけるんです。その中からさらに選抜した人材を、対外活動をする第一総局に送り込んで、三年ぐらい研修させるんですよ。

つまり大学プラス五年でしょ。そこから、記者を偽装する人間はノーボスチ通信かタス通信に行く。そこでの研修期間って何年ぐらいだと思います？

**池上**　いやあ、見当もつかない。

**佐藤**　五年。ということは、記者を偽装するんじゃないんです。プロの記者にしてしまうんです。だから記事も書ける、取材もできる。そういうレベルまで教育してから、送り出すんです。

## インテリジェンスのプロは他の分野でもプロ級の腕を持つ

**池上**　そういえば一九八〇年代、タス通信東京支局の記者を偽装したコンスタンチン・プレオブラジェンスキーが、中国人留学生をスパイに仕立てようとしたという事件がありましたね。

**佐藤**　彼のことは知っていますよ。一度モスクワで、プレオブラジェンスキーがサーカスの通訳として日本に紛れ込もうとビザを申請してきたことがあるんです。それを却下したら、ソ連外務省の情報局に勤務しているSVR（対外諜報庁）の将校が直接会って頼みたいと言って連れてきたのが、プレオブラジェンスキー本人でした。ちょっと吃音でね。

**池上**　そうそう。彼は今、アメリカに亡命しているんですが、以前、テレビの番組に中継で出てもらったんです。彼も言っていました。本業はスパイ活動なんだけど、タス通信東京支局の記者として原稿も書かなきゃいけないから大変だったって。

**佐藤**　彼の父親も、もともとKGBの将官だったそうです。親子では入れないというのがKGBの原則だったのですが、父親が横車を押したらしい。でもKGBの中では反対する人が多かったそうです。結局、問題になるヤツを入れてしまったわけですからね。

でもKGB幹部が言うには、この事件にはもう一つ意味があったと。インテリジェンスは事故と紙一重です。そのとき、インテリジェンス・オフィサーしかできないと転職が難しくなる。それが組織への恨みに変わり、より大きなトラブルになりかねない。そうならないために、かならず転職できるような能力を身につける必要があると。

**池上**　（笑）。

**佐藤**　それが二つぐらいあればもっといいと。学者とジャーナリストとか。実はこれ、モサド（イスラエルの情報機関）の高官も同じことを言っていました。例えばモサドのある幹部の場合、今は現代美術家として生計を立てているそうです。絵描きというのは、偽装には最適なんだって。なぜならある場所を観察するとき、写生しているように見せかければ疑われにくいから。

**池上**　いいですよね、ずーっとそこにいられるわけだから。

**佐藤**　ただしね、その絵がどう見ても素人絵だったら疑われるでしょ。だからちゃんとコンクールで入選するほどのレベルまで腕を磨く必要がある。でもそれが再就職で役立つんですよ。

**池上**　なるほど（笑）。要は天下りができればいいという。

**佐藤**　そう。だから私も捕まる前、イスラエルやロシアのインテリジェンス・オフィサーたちから「たとえ捕まっても、二つの職業を偽装できるから大丈夫じゃないか。一つは牧師、もう一つは学者」とよく言われました。

**池上**　そのとおりになってる（笑）。

**佐藤**　それもモスクワ大学から招聘されるレベルの偽装ができるというのは、プロとして立派なもんだって、褒められたんですけどね。

**池上**　（笑）。

**佐藤**　僕はそうじゃないんだって。モスクワ大学で教師をやったのは、本当にやりたかっただけだと。日本に情報機関はないと説明したんですけどね。「それはそうだよな、あったって認めないよな」と（笑）。

だから神学部出身というと、最初から「偽装に決まっている」という認識なんです。だからモサドの高官には、「〝親元〟はどこだ」とよく聞かれました。「本当に外務省なんだ」と言っても、きょとんとされるだけ。

**池上**　日本が情報機関を持っていないというと、たまげるでしょうね。

## 米露のスパイ養成は対照的

**佐藤**　ロシアのスパイ養成はけっこう奥が深いんですよ。以前、日本の外務省が、ロシアの対外諜報庁アカデミーの教官たちと教育協力をしようかと検討したことがあるんです。それで視察に行ったら、教育施設はふつうのマンションの一室でした。そのときに昼食に出てきたのが、キムチとかナムルとか。それがけっこう美味しいんです。「どこでこんな料理を覚えたんだ？」と聞いたら、前に北朝鮮の工作員を養成していたことがあって、そのときに教えてもらったと。日本も同じ東アジアだから、口に合うと思ったって言うんです。

**池上**　（笑）。

**佐藤**　対照的なのがアメリカのＣＩＡです。東西冷戦時代、例えばアラビア語を使えるスパイを養成するためには、二四時間アラビア語漬けにする訓練をしていたらしい。アラビア人の教師と一緒に生活して、テレビもアラビア語の番組だけを見せる。そういう環境に閉じ込めておくと、三ヵ月くらいで速成できたと。

ロシア側もそれを聞いて、真似してやってみたことがあるそうです。そうしたらたしかに効果的で、一〇人のうち八人くらいは早期に語学をマスターできる。しかし残り二人は精神に変調をきたしてしまったらしい。「これは非人道的だ」となって、中止したそうです（笑）。

**池上**　スパイの話は本当に奥が深くて面白いね。

## 「対テロ」の名の下、国家機能の強化が進む

### 「物理力を行使する尋問」という名の拷問

**佐藤**　二〇一八年、私が監訳した『カウンター・テロリズム・パズル』（並木書房）という本が出たんです。

**池上**　面白そうじゃないですか。

**佐藤**　著者はイスラエルのボアズ・ガノールというテロリズム研究の権威なのですが、面白いのは「拷問」に代わる新しい概念が生まれているというんです。それが「物理力を行使する尋問」。

**池上**　というと？

**佐藤**　例えばある人間が持っているテロ情報が明らかになれば、相当数の人を救うことができるという場合に限り、拷問の代わりに行使を認められるというものです。その一つは、椅子に座らせ上半身を思いっきり揺するとか。イスラエルの事例によれば、これによって頸椎が外れて死亡したこともあるそうです。自供を引き出す手段として、これは相当効果があると。あるいは袋を頭から被せて大音量を鳴らし、その後で尋問をするとか。これもかなり効果があるそうです。

**池上**　それはＣＩＡがタリバンの容疑者に対してやった手法ですね。

**佐藤**　あるいは両手首を後ろ手に縛って小さな椅子に座らせて椅子を前方に傾けたり、つま先立ちの状態で立たせたり座らせたりを繰り返したり。それから眠らせないとかね。いずれも尋問で効果があると。

**池上**　たしか米軍のグアンタナモ基地の収容所でも、それをやったんですよね。ものすごい明るいところで二四時間ガンガンと音楽をかけて寝かせないと。しかも拷問と違って跡が残らない。

**佐藤**　そう。こういう拷問ではない方法が、テロとの戦いにおいて不可欠だというわけです。だから広範囲に、イギリスでもフランスでも採用されている。もはやこれが民主主義国のスタンダードであると。そういう本なんです。

**池上**　すごい（笑）。一昔前まで、叩いたり爪を剝いだりという拷問が行われていましたが、それでは身体に跡が残る。つまり拷問したことがバレるので、肉体的に一切跡が残らない方法を編み出したわけですね。これは尋問ですと。

**佐藤**　要するに、ふつうの尋問と拷問との間に、「物理力を行使する尋問」という新しいカテゴリーを作ったということです。

それから世界の傾向として、機動性が必要だからという名目で、行政命令・行政拘束が強化されつつあると。つまり令状主義の否定です。この本が世に出ることがプラスに作用するのか、マイナスに作用するのかはわかりませんが。

**池上**　その手があったかと教えることになると。

**佐藤**　日本のテロ対策に関する知識が二段階ぐらい上がればと期待しているんですけどね。

## ロシアは「行政傍受」の先輩

**佐藤**　実はこういう尋問や行政命令の強化は、国家機能の強化を意味します。「テロとの戦い」を強調するほど、帝国主義的なものに近づいていくんです。

**池上**　そうですよね。以前、共謀罪で世の中が騒がしくなったとき、法務省の幹部が私のところにレクチャーに来たのです。そのとき私が「共謀罪を法制化するなら、通信傍受法をもっと拡大していくんでしょ」と尋ねたら、「一番効果があるのは行政傍受ですね」とのことでした。

**佐藤**　行政傍受が可能になれば、もう何でもできますからね。

**池上**　そう。今の通信傍受法では、傍受する際に裁判所の令状が必要です。しかし行政傍受なら一切いらない。行政が通常の業務として、いろんなものを傍受できてしまう。

**佐藤**　それはつまり、今やっていることが追認されるだけですけどね。今も違法な形で通信傍受は行われているわけですが、それがすべて合法化される。その結果、何が変わるかといえば、傍受で得た情報が裁判で証拠能力を持つということです。

**池上**　そうですよね。今まで、違法に収集した情報は裁判の証拠にならなかった。それが合法となれば、証拠になる。今までも警察はふつうに傍受してきましたから、これは大きな変化です。

**佐藤**　池上さんのご自宅の電話とか携帯電話なんていうのは、自動的にカチッとすべて録音される時代になるでしょう（笑）。

**池上**　いえ、別に聞かれてまずいことはしていませんから（笑）。

**佐藤**　池上さんにできる対抗策としては、電話に特殊な暗号装置を付けることですね。秋葉原に行けばたくさん売っていますよ。ただそうすると、今度は尾行がつくようになります。

**池上**　そりゃそうですよ（笑）。そういう人は調べないと困るという話になりますよね。

**佐藤**　通信を暗号化するのはどういう必然性があるのかと。そうやって行政権力が強化されていくわけですが、その意味においてロシアはすごい先進国なんですよ。例えばチェチェン紛争というのは、まさに世界的な「テロとの戦い」の先取りですよね。

**池上**　そうですよね。

# 後手に回る日本――ロシア語力の強化が急務だ

## サハリンに残る独自の日本語

**佐藤** そういえば池上さんは、サハリンに行かれたことはありますか？

**池上** サハリンはないですね。

**佐藤** あそこは面白いですよ。まず、おそらく世界一遅いといわれている鉄道がある。日本統治時代の車両が残っていて、ユジノサハリンスクから走っているのですが、さながら宮沢賢治の銀河鉄道の世界です。

それに、サハリンはウクライナ料理ばかり出てくる。

**池上** 旧ソ連の影響ですね。以前、カザフスタンに行ったら朝鮮料理の店がいくつもあって。要するに朝鮮系のソ連人がカザフスタンへ送り込まれたんですね。

**佐藤** そう、第二次世界大戦の始まる直前でした。もともと沿海地方に住んでいた彼らは、日本のスパイになると疑われて、スターリンによって強制的に中央アジアへ移住させられた。今、彼らは「高麗人」と自称していますが、独自の言語と食文化の発展を遂げて、人類学の調査対象になっているんですよね。

一方、サハリンにも朝鮮人はいますが、事情が異なる。沿海地方から来たのではなく、第二次世界大戦中、朝鮮半島を統治していた日本によって強制的に送られた、徴用工たちです。その後、朝鮮半島の南北分断と東西冷戦の影響で、帰国先として選べたのは北朝鮮。ほとんどの人が南から来たので、韓国に戻りたいと主張したが認められなかった。その結果、ずっとサハリンに留まることになりました。

**池上**　そうですよね。

**佐藤**　でも、実はそれだけではない。私は一九九四年に現地に行って驚いたのですが、「朝鮮人」と自主申告する日本人がいたんです。日本人であることをバラすと弾圧されるおそれがあるのでね。

彼らはユジノサハリンスクの日本人墓地を丁寧に守り、当然ながら日本語もうまい。ところでユジノサハリンスクには教育大学（現在は国立大学）があり、そこに日本語学科もありますが、戦後長い間、日本とはまったく交流できませんでした。

だから私が訪れると、女子大生から「日本の外交官の佐藤さんでありますか。私はナターシャであります」などと挨拶されたんです。「ここには地方人が多いです」とかね。「であります」とか「地方人」とかは、明らかに軍隊言葉ですよね。つまり、独自の発展を遂げた日本語が大学で教えられていたわけです。

ついでに言うと、主任教授の名前は「ボク先生」。「パク先生」じゃないんです。韓国語はまったくできないんですけどね。

**池上**　面白いなあ（笑）。

## 外務省のロシア語通訳は大丈夫か

**佐藤**　近年も、危なそうな話がありましたね。二〇一七年末の「週刊文春」で暴露されましたが、日露首脳会談で通訳を務めた外務省職員が、出会い系サイトに登録していたという話です。

**池上**　ああ、ありました。

**佐藤**　あれ、ロシア側がすごく問題視しているんです。おそらくその職員は、出会い系サイトで出会った女性に「俺は首脳会談の通訳やっているんだ」と自慢しているに違いない。しかも「週刊文春」が取材に行ったら、本来なら組織に報告しないといけないはずなのに、自分で応じてしまった。それで「国益を棄損するような話は書かないで」とお願いしているわけです。危機管理がまったくできていない。

それで先日、私がロシアのある高官と会った際も、「次の通訳を誰がやるか、日本の外務省は考えているんですかね」って聞かれたんです。ロシアが心配しているのは、この人間は東京でこんなことをやっていたくらいだから、モスクワでもやらないはずがないと。だとすれば、それを連邦保安庁（ＦＳＢ）がある程度把握している可能性がある。相手の女性が誰かとかね。

そこから、首脳会談の機微に触れる話がロシアの秘密警察にそのまま筒抜けになっているかもしれない。ロシア外務省は秘密警察に余計なことを知られるのを嫌がっているのです。こんなことをする通訳がいるんだから。ロシア外務省に不必要な警戒心を呼び起こさせてしまう。

**池上**　なるほどね。困ったものですね。

**佐藤**　だから私は滅多に親切心は持たないけれど、政府筋に「ちょっと考えないとやばいんじゃないの？」と忠告したんです。

通訳官をきちんと養成しなかったツケが回ってきたわけですね。それから通訳官にきちんとした処遇を与えていないから、出会い系サイトで会った女性に「自分は偉い通訳官なんだ」と吹聴したくなるのでしょう。

つまり、人事養成と人事管理の両方で危機的な状況にあるわけですよ。今後、通訳がいないとか、通訳を代えたらコミュニケーションができなくなったという理由で、日露首脳会談が崩壊することもあり得ますよ。

**池上**　おそろしいですよね。それで言うと、それぞれの時代ごとに国の好き嫌いみたいなのがありますよね。かつての日中友好のときには中国語を学ぶ人が増えたり、ゴルバチョフが登場したころにはロシアに憧れてという人がいたり。でもロシアとの関係が悪くなると、わざわざロシア語を学ぼうという人は減りますよね。今こそロシア語を学んだほうがいい。

**佐藤**　ところがね、同志社大学では意外にロシア語を学ぶ学生が増えている。これは私の影響も少しあるんじゃないかと同志社の教授たちから言われました（笑）。

**池上**　あるある。そうでしょう。

**佐藤**　なんかロシアっていうのは面白そうだと。

**池上**　それは佐藤さん流に見るから面白いんですけどね（笑）。

**佐藤**　たしかに、私はあちこちでロシア語学習を勧めているんです。今、神学を教えている優秀な学生にも、「ロシア語をやれ」と言って。なぜなら、前に話したドラマ「月の裏側」の話もそうですが、英語でカバーされない情報が入るから。

ドイツ語をいくら学んでも、だいたいドイツ人は英語ができる。それにドイツの情報源になるものは、ほとんど英語でカバーできちゃうんですよ。

その点、ロシアの情報源はごく一部しかカバーされていないし、中央アジアやトランスコーカサス（南コーカサス）あたりのリンガ・フランカ（共通語）は相変わらずロシア語なんですよね。だからロシア語がわかれば、情報圏の幅が相当広がるんです。

ではアラビア語はどうかというと、宗教的な言語であり、またアラビアの古代な雰囲気を知るにはいいかもしれませんが、あまり現代的ではない。また中国語は意外と日本語に訳されてるし、多くの外国の古典もむしろ日本語経由で中国語に訳されている。そういうところで考えると、ロシア語というのは別の知的な世界に視野を広げる意味で、非常にパフォーマンスのいい言語だと思うんですよ。

**池上**　そうですね、なるほどね。

**佐藤**　だから日本において、ロシア語人口が減少しているというのは非常によくない。難解な言語であることは間違いないですけどね。

池上さんは大学ではドイツ語ですか?

**池上**　ドイツ語です。当時、やはりマルクス経済学を学ぶならドイツ語でという風潮でしたからね。今は減っているようですが。

**佐藤**　それにヘーゲルなりカントなり、ドイツ古典哲学がカッコいいという時代でしたからね。それがフランス語にシフトしたのは、ポストモダンからですか。

**池上**　ですよね。それでドイツ語のクラスに行ったら女性が少なくてね。一方でフランス語のクラスは女性が多い。「しまった!」って思いましたけどね(笑)。

## 北朝鮮の映画にロシア語の字幕が

**佐藤**　ロシア語がわかれば変わった情報にアクセスできるという、典型的な例があるんです。一九八六年に作られた北朝鮮の娯楽映画に、「第二七号司令」というものがあります。北朝鮮の工作員が韓国に潜入するというものですが、そこにはオンボロの蒸気機関車が出てきて、乗客として人相の悪いアメリカ人がいたり、傀儡《かいらい》軍の秘密警察職員が子どもを折檻しているんです。

北朝鮮の映画館でこれを上映して、「これが韓国だ」と言っているわけですね。文明が遅れていて、暴力が蔓延し、まるでこの世の地獄だと。これを観た北朝鮮の人々は、韓国にだけは生まれたくない、北朝鮮に生まれて幸せだと思うでしょ。

しかし裏を返せば、北朝鮮の中では暴力が日常化しているということを描写しているわけです。それよりも韓国は怖いということを示す必要があるので、相当暴力的な描写をしないといけない。つまり逆にいえば、これを観ることで北朝鮮のスタンダードがわかるんです。

**池上**　なるほど、図らずも自国の地獄ぶりを露呈しているわけですね。

**佐藤**　で、この作品にはロシア語の字幕が付いている。だから私もわかるわけです。ロシア語ができる面白さは、こういうものを見聞きして理解できるところにある。世界が広がるんですよ。

だから学生たちにもこの作品を紹介して、ロシア語を勧める一つの動機にしているんです。ロシア語の情報空間があると、こういう情報を入手できるんだよと。

**池上**　なるほど、たしかにね。

**佐藤**　さすがに先進国では、こういう荒唐無稽なプロパガンダ作品は作らないでしょう。しかし余談ですが、日本の右派政治家や評論家の脳内世界なんか、かなりこれに近いんじゃないですか。彼の頭の中の北朝鮮像とかね。

**池上**　コメントしないでおきましょう（笑）。

**佐藤**　だから、官僚たちはもう匙を投げてしまっている。もうどうでもいいやという感じ。その気持ちはよくわかります（笑）。

ロシアがもっとわかるキーワード⑦

## 「エドワード・スノーデン」

二〇一三年六月、米中央情報局（CIA）の職員を辞めた後、米国家安全保障局（NSA）の下請けをしていたスノーデンの告発は、世界に衝撃を与えた。NSAがインターネットと電話回線を通じ、全世界を対象に膨大な通信傍受を行っていたという。しかもそこには、グーグル、マイクロソフト、フェイスブック、アップルなど世界的IT企業も協力していた。

米連邦捜査局（FBI）はスノーデンの確保・逮捕に動いたが、当人は香港を経由してロシアへ逃亡。ロシアもアメリカからの身柄の引き渡し要求を拒否した。ただしプーチン大統領は、積極的に受け入れたわけではない。元KGB職員として、国家を売るような行為は許せなかったらしい。だが、国益のために情報を搾り取ることを優先したようだ。結局、スノーデンの滞在許可は更新され続け、今日もなおロシアに留まっている。

二〇一六年には、この一連の経緯を素材にした映画「スノーデン」（オリバー・ストーン監督）が公開された。ただし製作にあたり、米国企業からの資金提供やスタジオ協力は得られず、資金は英独企業から得て、撮影はドイツで行われた。終盤にはスノーデン本人も登場している。

# おわりに

ジャーナリスト　池上　彰

ロシアという国は、依然として多くの人にとって「謎の国」ではないでしょうか。かつて「ソ連」と呼ばれていた時代は、なかなか行くこともできませんでした。学生時代、私はソ連を訪問した人の体験談やソ連に駐在したことのある記者の内幕ものを読みながら、本当のところのソ連はどんな国なのだろうと思っていたものです。

その後、フリーのジャーナリストになってから、私も何度かロシアに取材に行くようになりました。ソ連が崩壊したとき、モスクワ市内のレーニン像が引き倒される映像をテレビで見ていましたが、いまもロシアの地方に行くと、レーニン像が健在であることを知って驚いたりもしています。行ってみなければわからないことは多いのです。

とはいえ、ロシアに住んだわけではないので、私が知り得たことは限定的です。

そんなソ連と現在のロシアについて、裏も表も知り尽くしている人といえば、何と言っても佐藤優氏でしょう。ソ連とロシアについて語り合う、というよりは教えてもらうことは貴重な時間でした。

ソ連とは、ソビエト社会主義共和国連邦。「ソビエト」という評議会のシステムで政治が行われる社会主義の国々の連邦という意味ですが、実際にはどのように運営されていたのか。人々の暮らしはどうだったのか。豊富なエピソードを交えての解説は愉快なものでした。

私たちは、ソ連を暗黒国家というイメージで断罪しがちですが、実際に暮らした人の解説を聞くと、意外な一面も見えてきます。庶民のしたたかな暮らしぶりを知ることは新鮮な発見でもありました。

とりわけ見逃せないのは、ソ連の体制での社会福祉や教育の充実ぶりです。もちろんソ連は、いいところだけを海外に宣伝していたのですが、日本を含め資本主義諸国は、その充実ぶりに驚き、「このままでは社会主義に負けてしまう」という危機感を抱いたものです。それが日本国内の社会福祉の充実への取り組みとなり、「スプートニク・ショック」による教育カリキュラムの強化につながっていったのです。

このところの格差の拡大や「子どもの貧困」の蔓延は、ソ連の崩壊によって、「資本主義が社会主義に勝った」という驕りから来ているのではないかと思わせられます。ソ連を中心とした社会主義諸国が健在であれば、新自由主義のような自由放任経済は、格差の拡大によって労働者の怒りを買い、社会主義革命を引き起こしかねないという危機感をもたらしたはずです。

こう見ると、ソ連の存在という脅威が、皮肉なことに日本の住みやすさ、暮らしやすさにつながっていったのではないかと思ってしまいます。

ソ連がロシアになっても、日本にとっては北方領土問題が存在しています。北方領土は返ってくるのか。その点で、ロシアとの交渉の中心にした佐藤氏の証言ならびに解説は貴重です。何が問題なのか。どうすれば突破口が開けるのか。交渉の先行きがおぼろげながら見えてくる気がします。

佐藤氏との対談は、本人もロシア語ができ、ロシアをしばしば訪問している東京堂出版の吉田知子さんの熱心な勧誘によって実現しました。対談をまとめるに当たっては、島田栄昭氏にお世話になりました。感謝しています。

二〇一九年五月

池上　彰

『プーチンの国――ある地方都市に暮らす人々の記録』アン・ギャレルズ、築地誠子訳、原書房、2017年
『プーチンの国家戦略――岐路に立つ「強国」ロシア』小泉悠、東京堂出版、2016年
『プーチンの実像――孤高の「皇帝」の知られざる真実』朝日新聞国際報道部、駒木明義／吉田美智子／梅原季哉、朝日文庫、2019年
『プーチンの世界――「皇帝」になった工作員』フィオナ・ヒル、クリフォード・G・ガディ、濱野大道・千葉敏生訳、新潮社、2016年
『プーチン、自らを語る』ナタリア・ゲヴォルクヤン／アンドレイ・コレスニコフ／ナタリア・チマコワ、高橋則明訳、扶桑社、2000年
『炎と怒り――トランプ政権の内幕』マイケル・ウォルフ、関根光宏・藤田美菜子訳、早川書房、2018年（★）
『マルクスに凭れて六十年――自嘲生涯記』岡崎次郎、青土社、1983年（★）
『甦る怪物――私のマルクス　ロシア編』佐藤優、文藝春秋、2009年
『甦るロシア帝国』佐藤優、文春文庫、2012年
『隣邦ロシア』秦彦三郎、斗南書院、1937年（★）
『老前破産――年金支給70歳時代のお金サバイバル』荻原博子、朝日新書、2018年（★）
『ロシア革命――破局の８か月』池田嘉郎、岩波新書、2017年
『ロシア革命100年の謎』亀山郁夫、沼野充義、河出書房新社、2017年
『ロシア――崩れた偶像・厳粛な夢』（上下２巻）デービッド・K．シプラー、川崎隆司訳、時事通信社、1984年
『ロシアの論理――復活した大国は何を目指すか』武田善憲、中公新書、2010年
『ロシアは今日も荒れ模様』米原万里、講談社文庫、2001年
『ロシア無頼』内村剛介、高木書房、1980年
『ロシア　闇と魂の国家』亀山郁夫、佐藤優、2008年、文春新書

2000年（★）
『国家の罠——外務省のラスプーチンと呼ばれて』佐藤優、新潮文庫、2007年
『ゴルバチョフ回想録』（上下２巻）ミハイル・ゴルバチョフ、工藤精一郎／鈴木康雄訳、新潮社、1996年
『沈まぬ太陽』（全5巻）山﨑豊子、新潮文庫、2001年（★）
『資本論』カール・マルクス、向坂逸郎訳、岩波文庫、1969年（★）
『宗教・地政学から読むロシア——「第三のローマ」をめざすプーチン』下斗米伸夫、日本経済新聞出版社、2018年
『新・ロシア人』（上下２巻）ヘドリック・スミス、飯田健一訳、日本放送出版協会、1991年
『戦争の日本中世史——「下剋上」は本当にあったのか』呉座勇一、新潮選書、2014年（★）
『戦争論』西谷修、講談社学術文庫、1998年
『ソ連とは何だったか』塩川伸明、勁草書房、1994年
『通貨誕生——ウクライナ独立を賭けた闘い』西谷公明、都市選書、1994年
『底辺への競争——格差放置社会ニッポンの末路』山田昌弘、朝日新書、2017年（★）
『デモクラシー以後——協調的「保護主義」の提唱』エマニュエル・トッド、石崎晴己訳、藤原書店、2009年（★）
『東大塾 社会人のための現代ロシア講義』塩川伸明／池田嘉郎編、東京大学出版会、2016年
『なにをなすべきか？』レーニン、村田陽一訳、大月書店、1971年（★）
『日ソ国交回復秘録——北方領土交渉の真実【増補】』松本俊一、佐藤優解説、朝日新聞出版、2019年
『日本人とユダヤ人』イザヤ・ベンダサン、角川文庫ソフィア、1971年（★）
『日本人の偉さの研究』中山忠直、先進社、1931年（★）
『ヒトラーの外交官——リッベントロップは、なぜ悪魔に仕えたか』ジョン・ワイツ、久保田誠一訳、サイマル出版会、1995年（★）
『プーチニズム——報道されないロシアの現実』アンナ・ポリトコフスカヤ、鍛原多惠子訳、ＮＨＫ出版、2005年
『プーチンと甦るロシア』ミヒャエル・シュテュルマー、池田嘉郎訳、白水社、2009年
『プーチンとロシア革命——百年の蹉跌』遠藤良介、河出書房新社、2018年

## ロシアをもっと知るための参考文献

・五十音順に列挙しています。
・末尾に（★）がある書名は、本書の中で言及されているものです。
・中には品切れとなっているものもあります。図書館等でご参照ください。


『生き急ぐ――スターリン獄の日本人』内村剛介、講談社文芸文庫、2001年
『池上彰の世界の見方　ロシア――新帝国主義への野望』池上彰、小学館、2018年
『池上彰の　そこが知りたい！　ロシア』池上彰、徳間書店、2015年
『異端の人間学』五木寛之／佐藤優、幻冬舎新書、2015年
『インテリジェンスの最強テキスト』手嶋龍一／佐藤優、東京堂出版、2016年
『永続敗戦論――戦後日本の核心』白井聡、講談社+α文庫、2016年（★）
『MI6対KGB』レム・クラシリニコフ、佐藤優監訳、松澤一直訳、東京堂出版、2017年（★）
『エリツィンの手記――崩壊・対決の舞台裏』（上下２巻）、ボリス・エリツィン、中澤孝之訳、同朋舎出版、1994年
『応仁の乱――戦国時代を生んだ大乱』呉座勇一、中公新書、2016年（★）
『オリバー・ストーン　オン　プーチン』オリバー・ストーン、土方奈美訳、文藝春秋、2018年
『カウンター・テロリズム・パズル』ボアズ・ガノール、佐藤優監訳、河合洋一郎訳、並木書房、2018年（★）
『共同事業の哲学』フェオドロフ、高橋輝正訳、白水社、1943年（★）
『共謀 トランプとロシアをつなぐ黒い人脈とカネ』ルーク・ハーディング、高取芳彦／米津篤八／井上大剛訳、集英社、2018年（★）
『霧のカレリア　五木寛之作品集２』五木寛之、文藝春秋、1972年（★）
『クーデターの技術』クルツィオ・マラパルテ、手塚和彰／鈴木純訳、中公選書、2015年（★）
『国体論――菊と星条旗』白井聡、集英社新書、2018年（★）
『告白』ボリス・N・エリツィン、小笠原豊樹訳、草思社、1990年
『国富論』（全３巻）アダム・スミス、水田洋監訳、杉山忠平訳、岩波文庫、

## 写真出典

25、30、34、37（上下）、45、51、54、69、187頁　ロシア大統領府公式ＨＰ www.kremlin.ru

74頁　著作者Bergmann、ライセンスCC BY 3.0、リンクhttps://ja.wikipedia.org/w/index.php?curid=1358097

105頁　著作者ФКП «Союзплодоимпорт»、ライセンスCC BY-SA 3.0、リンク https://commons.wikimedia.org/w/index.php?curid=32436597

107頁　著作者不明、パブリックドメイン、リンクhttps://commons.wikimedia.org/w/index.php?curid=3887987

123頁　(c)SPUTNIK/amanaimages

135、168頁　編集部提供

149頁　著作者Post of the Soviet Union, designer Ye. Aniskin; scanned and processed by Andrei Sdobnikov, cropped by DanielTM - Почтовый блок СССР. К принятию новой Конституции СССР. Л. И. Брежнев, 1977 год, 50 коп. Художник Е. Анискин. ЦФА №. 4774、パブリックドメイン、リンクhttps://commons.wikimedia.org/w/index.php?curid=7807206

159頁　著作者Vmenkov (other_versions=Image:E7157-Kstovo- industrial-left.jpgImage:E7158-Kstovo-industrial-center.jpgImage:E7155-Kstovo-industrial-general.jpg)、ライセンスCC BY-SA 3.0、リンクhttps://commons.wikimedia.org/w/index.php?curid=2681021

165頁　著作者Госбанк СССР（www.rutracker.org）、パブリックドメイン、リンクhttps://commons.wikimedia.org/w/index.php?curid=4551440

176頁　著作者Андрей Бабуров、ライセンスCC BY-SA 3.0、リンクhttps://commons.wikimedia.org/w/index.php?curid=15727468

269頁　著作者Don S. Montgomery, U.S. Navy、パブリックドメイン、リンク https://commons.wikimedia.org/w/index.php?curid=35886393

## 地図作成

18-19、22頁　藤森瑞樹

81、83、93、237頁　株式会社オノ・エーワン

【や　行】

ヤーシン、アフマド　259, 260
山口真由　233
山﨑豊子　120
山中伸弥　221
ヤルタ協定　32, 33
ユマシェフ、ヴァレンチン　203
四島一括返還　29, 39, 58, 59

【ら　行】

ラティニズム　94, 95
ラブロフ、セルゲイ　34, 44-49, 54
リッベントロップ、ヨアヒム・フォン　88, 89
リトビネンコ、アレクサンドル　251, 256
『隣邦ロシア』　121
レオンチェフ、ワシリー　167
レーニン、ウラジーミル　66, 67, 100, 113-117, 139, 149, 150
レム、スタニスワフ　128, 129
『老前破産　年金支給70歳時代のお金サバイバル』　223
ロシア革命　64, 82, 90, 110, 112-118, 139, 161
ロシアゲート　209
ロシアスクール　65
ロシア正教会　74, 75, 91

【わ　行】

ワイツ、ジョン　88
「若きロシア」　67, 230
和田春樹　64

【英語略字項目】

CIA（米中央情報局）　214, 273, 275, 286
DDR博物館　152
EEZ（排他的経済水域）　31
FBI（米連邦捜査局）　286
FSB（ロシア連邦保安庁）　77, 251, 280
GRU（ロシア連邦軍参謀本部諜報総局）　251
KGB　52, 77, 78, 99, 101, 142, 162, 171, 251, 255, 256, 268-270, 286
『MI6対KGB』　255
NATO　87, 89, 90
NSA（米国家安全保障局）　286
「SS-GB」　191
SVR（ロシア連邦対外諜報庁）　40, 53, 77, 270

ブエノスアイレス日露首脳会談
26, 33, 34, 43
福田淳一　231, 232
筆坂秀世　110
冬戦争　92, 95
フョードロフ、ニコライ　124, 125
ブラウン、フォン　124, 125
プレオブラジェンスキー、コンスタンチン　270
ブレジネフ、レオニード　98, 103, 137, 149, 158, 159, 177, 178
ブント　240, 241
米軍事施設　38
平和条約（締結、交渉、問題）　23-26, 30, 36, 41, 44, 48, 51-56, 58, 59
ヘーゲル、G．W．F．　226, 283
ヘブライズム　94, 95
ベラルーシ　79, 80, 108, 237
ベールイ・ドーム（ロシア最高会議ビル）　74
ヘレニズム　94, 95
ペンダサン、イザヤ　246
ポストモダン　233, 283
ポツダム宣言　32
北方領土／北方四島（交渉、問題）
22, 23, 25, 28-32, 35, 36, 39, 40, 42, 43, 45-49, 52-58, 67-70
『炎と怒り』　184, 185, 202
ポランニー、カール　131
ボリシェビキ　115, 139, 161
ポリトコフスカヤ、アンナ　250, 251
ポロニウム　251

【ま　行】

マクドナルドモスクワ店　175, 176
マラパルテ、クルツィオ　114, 115
マルクス、カール　85, 110, 112, 166, 167, 247
マルクス経済学　166, 168, 217, 283
マルクス主義　113, 212, 241
『マルクスに凭れて六十年　自嘲生涯記』　241
マルクス・レーニン主義　66, 67
マローゾフ、パブリック　105-107
宮本顕治　110
ミール（農村共同体）　76
民主主義指数　235, 237
ムガベ大統領　202
ムッソリーニ、ベニート　114, 115
メシャル、ハーレド　258, 259
メディアリテラシー　132, 244
メンシェビキ　116
毛沢東　61, 266
モサド　258, 259, 271, 272
モスクワ騒乱事件　73, 75, 76
モスクワ大学　102, 133, 166, 169, 170, 172, 271, 272
望月衣塑子　239, 240
森健良　34, 43
森喜朗（内閣）　24, 28, 58
モルグロフ、イーゴリ　34, 40-43, 54
モルドバ　80, 237
モンゴル＝タタールのくびき　79, 108

ツォルコフスキー、コンスタンチン　124, 125
「月の裏側」 97, 98, 127, 282
対馬忠行　240, 241
ディアチェンコ、タチアナ　203
『底辺への競争　格差放置社会ニッポンの末路』 223
『デモクラシー以後　協調的「保護主義」の提唱』 201
テルミドール　117
「東京タラレバ娘」 228, 229
東条英機　128
ドストエフスキー、フョードル　64, 125
トッド、エマニュエル　201
トランプ、イバンカ　184, 203
トランプ、ドナルド　39, 59, 112, 125, 184-190, 192, 198-204, 209, 238, 264
トルクメニスタン　82, 237
トルストイ、レフ　64, 125
トロツキー、レフ　114, 115, 118, 241

【な　行】

ナヴァリヌィ、アレクセイ　69
中山忠直　217, 218
ナチス　88, 91, 92, 94, 95, 111, 125, 191, 222, 235, 244
『なにをなすべきか？』 116
ナロードニキ　69
「逃げるは恥だが役に立つ」 228, 229
ニコライ二世　139
西部邁　240-243
日露通好条約　84, 85
日ソ共同宣言　24, 26, 30, 32-34, 41, 44, 47, 50, 52, 58
二島先行返還　24, 27, 28
二島（返還）プラスアルファ　27, 28, 30-32
『日本人とユダヤ人』 246
『日本人の偉さの研究』 217, 219
『人間の経済』 131
ノビチョク事件　187, 238, 255, 256, 258, 260
ノーボスチ通信　268, 269
ノマド　223, 224, 225

【は　行】

袴田茂樹　130
橋本龍太郎　57
秦彦三郎　120, 121
八月クーデター　65, 179, 182
鳩山一郎　44
パノフ、アレクサンドル　55
歯舞群島　22, 24, 27, 28, 30, 31, 33, 38, 47, 53
ハマス　258, 259
バルト三国　79, 87, 89, 182
ハレヴィ、エフライム　259
ビザなし訪問　29
『ヒトラーの外交官——リッベントロップは、なぜ悪魔に仕えたか』 88
フィンランド　90-92, 95, 136, 237

三二年テーゼ　212-216
山村工作隊　70, 71
色丹島　22, 24, 27, 28, 30, 31, 33, 38, 47, 53
『沈まぬ太陽』 120, 121
資本主義　85, 112, 119, 120, 121, 131, 166-169, 173, 194-196, 207, 217, 224, 226, 247, 288
『資本論』 110, 166, 167
社会主義　66, 111, 113, 115, 117, 129, 132, 139, 154, 156, 158, 166, 167, 212, 222-224, 243, 247, 288
社会主義革命　112, 120, 139, 195, 212
社会の要請　207
ジャコバン　117
ジュガーノフ、ゲンナージー　70, 71
シュタージ博物館　153, 154
ジョンソン、ボリス　264
白井聡　215
ジリノフスキー、ウラジーミル　70, 71
ジロンド　117
シンガポール日露首脳会談　24, 25, 27, 32, 34, 43, 52, 53
スウェーデン　89-91, 237
杉山晋輔　232
鈴木鴻一郎　215, 217
鈴木宗男　24, 58
スタヴォロイトワ、ガリーナ　250, 251
スターリン、ヨシフ　61, 66-68, 70, 98, 100, 105, 113, 115, 117, 121, 128
ストリーチナヤ　104, 105, 175
スノーデン、エドワード　286
スプートニク　122, 123, 125
スミス、アダム　199, 200
スラヴ派　86, 87
西欧派　86
節酒令　133, 134, 147
『戦争の日本中世史』 215
ソボールノスチ　86
ソユーズ　123, 124
ソルジェニーツィン、アレクサンドル　207, 208
ソ連のアフガニスタン侵攻　82
ソ連崩壊　64, 68, 73, 79, 98, 101, 103, 110, 113, 130, 150, 153, 156, 157, 163, 166, 169, 173, 178-180, 182, 192, 201, 230, 253

## 【た　行】

第一次世界大戦　139
第二次世界大戦　41, 47, 49, 50, 66, 79, 89-92, 115, 125, 177, 214, 278, 279
「第二七号指令」 283
タス通信　268-270
ダーチャ（別荘） 158, 159
田中眞紀子　24, 58, 189
チェチェン　65, 86, 250, 251, 277
チェルネンコ、コンスタンチン　101, 103
「血の日曜日事件」 139
朝鮮戦争　61

外部注入論　116, 117
外務省（日本）　23, 24, 33, 35, 42, 43, 46, 50, 57, 58, 65, 68, 102, 124, 148, 189, 232, 244, 272, 280
外務省（ロシア）　35, 40, 44, 49, 53, 55, 56, 59, 270, 281
カウンター・インテリジェンス　269
『カウンター・テロリズム・パズル』　274
ガガーリン、ユーリー　122, 123
カザフスタン　82, 85, 237, 278
カデット（立憲民主党）　113
ガノール、ボアズ　274
柄谷行人　215
ガルージン、ミハイル　257
カレリア　91-93
カレロ＝フィン自治共和国　92, 94
河井克行　48, 49
川奈提案　57
北朝鮮　52, 60, 61, 90, 107, 137, 138, 156, 157, 190, 191, 237, 239, 243, 266, 272, 279, 283-285
金日成　61
共産主義　64-66, 82, 92, 111, 116, 117, 121, 136, 158, 164, 170, 213, 241, 247
共産主義革命　112, 193
『共同事業の哲学』　124, 125
『共謀　トランプとロシアをつなぐ黒い人脈とカネ』　186, 188
『霧のカレリア』　91
キルギス　82, 237
クヴィスリング　94, 95
クシュナー、ジャレッド　184, 203
『クーデターの技術』　114
国後島　22, 27-29, 31
クラシリニコフ、レム　255
クリル諸島（千島列島）　22, 32, 33, 41
ゲーデル、クルト　235, 236
ケネディ、J．F．　203
ケネディ、ロバート　203
小泉純一郎　24, 58, 116
上月豊久　40-43
河野一郎　44
河野太郎　34, 44-46, 48, 50
『国体論　菊と星条旗』　215
呉座勇一　215
国家総動員体制　120, 121
国家独占資本主義　120, 121, 194-196
小林よしのり　242
コメコン（経済相互援助会議）　155-157
ゴルバチョフ、ミハイル　64, 65, 73, 133, 134, 144, 147, 149, 150, 170, 178-180, 182, 230, 281

## 【さ　行】

サイバネティクス　169
相模原障害者施設の事件　242, 243
佐川宣寿　227, 228
サハロフ博士　207, 208
サプチャク、クセーニヤ　68, 69, 239, 240
サムイズダート　143

# 索　引

※「ロシア」「ソ連」「プーチン」は索引に含めていません

## 【あ　行】


アインシュタイン、アルベルト　235, 236
赤い貴族(ノーメンクラトゥーラ)　160-162
秋葉剛男　43
秋山豊寛　124
アチソンライン　60, 61
安倍晋三（内閣・政権）　24, 26, 27, 30, 35, 36, 38, 42, 47, 49, 51, 52, 56, 58, 71, 112, 118, 150, 187, 188, 192, 194-197, 204, 205, 214, 222, 223, 225, 227-232, 238, 242, 245, 257
「アメリカ（Amerika）」　191
アメリカ中間選挙　190
アラブの春　75
アレクシイ二世　74
アンドロポフ、ユーリー　101, 103, 149
安藤美冬　223
五木寛之　91
伊藤淳二　120
イリイン、アレクセイ　178-181
イルクーツク声明　58
インターファックス　144
インテリジェンス　42, 186, 255, 257, 270
インテリジェンス・オフィサー　270, 271
上田哲　122
ウオトカ　104, 105, 115, 133, 135, 175
ウォーラーステイン、イマニュエル　215, 217
ウクライナ　79, 80, 85, 108, 237, 261, 278
ウクライナ紛争　79
ウズベキスタン　82, 237
歌声喫茶　66, 221
ウルップ島　84
宇野弘蔵　215, 217
『永続敗戦論』　215
エカテリーナ二世　78, 79, 120
江藤淳　243
択捉島　22, 27, 28, 30, 31, 84
エリツィン、ボリス　57, 64, 65, 73, 74, 101, 169, 179, 182, 203, 227, 251, 263
オイルショック　155
『応仁の乱』　215
岡崎次郎　240, 241
荻原博子　223, 224
小渕恵三　57, 217


## 【か　行】


回教共産主義　85
ガイダル、エゴール　167

## 池上　彰（いけがみ・あきら）

1950年長野県松本市生まれ。慶應義塾大学経済学部卒。1973年ＮＨＫに入局。1994年から11年間にわたって番組『週刊こどもニュース』でお父さん役を務める。わかりやすい解説が人気を博し、子どもから大人まで幅広い年齢層に支持される。2005年にＮＨＫを退社、作家、フリージャーナリストとして活躍。東京工業大学リベラルアーツセンター教授を経て、名城大学教授、東京工業大学特命教授、立教大学客員教授、東京大学客員教授などを務める。

主な著書に『伝える力』『世界を変えた10冊の本』『おとなの教養』『池上彰に聞く　どうなってるの？　ニッポンの新聞』、また人気シリーズに『知らないと恥をかく世界の大問題』『池上彰の世界の見方』ほか多数。佐藤優氏との共著に『新・戦争論』『希望の資本論』『大世界史』『僕らが毎日やっている最強の読み方』『知らなきゃよかった』『教育激変』などがある。

## 佐藤　優（さとう・まさる）

1960年東京都生まれ。作家、元外務省主任分析官。同志社大学大学院神学研究科修了後、外務省に入省し、在ロシア連邦日本国大使館に勤務。その後、本省国際情報局分析第一課で、主任分析官として対ロシア外交の最前線で活躍する。2002年5月に背任と偽計業務妨害容疑で逮捕、起訴される。2009年6月有罪確定（懲役２年６ヵ月、執行猶予４年）。2013年６月に執行猶予期間を満了、刑の言い渡しが効力を失う。

代表的な著作に『国家の罠』『獄中記』『自壊する帝国』『私のマルクス』のほか、共著に『インテリジェンスの最強テキスト』（手嶋龍一氏と）、『読む力』（松岡正剛氏と）、『異端の人間学』（五木寛之氏と）など多数ある。また監訳に『宗教改革から明日へ』（Ｊ・Ｌ・フロマートカ）、『MI6対KGB　英露インテリジェンス抗争秘史』（Ｒ・クラシリニコフ）、『カウンター・テロリズム・パズル』（Ｂ・ガノール）などがある。

ロシアを知る。

2019年6月10日　初版印刷
2019年6月20日　初版発行

著　　者　池上　彰・佐藤　優
発 行 者　金田　功
発 行 所　株式会社 東京堂出版
〒101-0051　東京都千代田区神田神保町1-17
電　話　(03)3233-3741
http://www.tokyodoshuppan.com/
編集協力　島田　栄昭
装　　丁　斉藤よしのぶ
D T P　株式会社 オノ・エーワン
印刷・製本　中央精版印刷株式会社


ISBN 978-4-490-21011-8 C0036